卞尺丹几乙し丹卞と
Translated Language Learning

The Country of the Blind
눈먼 자들의 나라
H.G. Wells

English / 한국어

Copyright © 2024 Tranzlaty
All rights reserved.
Published by Tranzlaty
ISBN: 978-1-83566-241-0
Original text by H.G. Wells
The Country of the Blind
First published in English in 1904
www.tranzlaty.com

Three hundred miles and more from Chimborazo
Chimborazo에서 300마일 이상
one hundred miles from the snows of Cotopaxi
코토팍시의 눈에서 100마일
in the wildest wastes of Ecuador's Andes
에콰도르 안데스 산맥의 가장 황량한 황무지에서
cut off from all the world of men
모든 인간 세상과 단절되다
there lies the mysterious mountain valley
그곳에는 신비한 산골짜기가 있습니다
the Country of the Blind
눈먼 자들의 나라
Long years ago, that valley was open to the world
오래 전, 그 계곡은 세상에 열려 있었습니다
men came through frightful gorges and over an icy pass
사람들은 무서운 협곡을 지나 얼음 같은 고갯길을 넘어왔다
from there they could get into the valley's equable meadows
거기서부터 그들은 계곡의 평온한 초원으로 들어갈 수 있었다
and men did indeed come to the valley this way
그리고 사람들은 정말로 이 길로 골짜기에 왔다
some families of Peruvian half-breeds came
페루 혼혈의 일부 가족이 왔습니다
they were fleeing from the tyranny of an evil Spanish ruler
그들은 사악한 스페인 통치자의 폭정으로부터 도망치고 있었다

Then came the stupendous outbreak of Mindobamba
그러던 중 민도밤바에서 엄청난 사태가 일어났다
it was night in Quito for seventeen days
키토에서는 17일 동안 밤이었다
and the water was boiling at Yaguachi
그리고 야과치에서 물이 끓고 있었다
the fish were dying as far as Guayaquil
물고기들은 과야킬까지 죽어가고 있었다
everywhere along the Pacific slopes there were land-slips
태평양 경사면을 따라 도처에서 산사태가 발생했다
and there was swift thawings and sudden floods
그리고 급속히 녹고 갑작스런 홍수가 있었다
one whole side of the old Arauca crest slipped
낡은 아라우카 문장의 한쪽 면이 통째로 미끄러졌다
it all came down in a thunderous moment
모든 것이 천둥 같은 순간에 무너졌습니다
this cut off access to the Country of the Blind for ever
이로 인해 맹인의 나라에 대한 접근이 영원히 차단되었습니다
the exploring feet of men wondered that way no more
탐험하는 사람들의 발은 더 이상 그런 식으로 궁금해하지 않았다
But one of these early settlers happened to be close by
그러나 이 초기 정착자들 중 하나가 우연히 가까운 곳에 있었다
he was on the other side of the gorges that day
그는 그날 협곡 반대편에 있었다
the day that the world had so terribly shaken itself
세상이 그토록 끔찍하게 흔들렸던 날

he had to forget his wife and his children
그는 아내와 아이들을 잊어야 했습니다
and he had to forget all his friends and possessions
그리고 그는 모든 친구와 소유물을 잊어버려야 했습니다
and he had to start life over again
그리고 그는 인생을 다시 시작해야 했다
a new life in the lower world
저승에서의 새로운 삶
but illness and blindness took hold of him
그러나 병과 눈이 멀어 그를 사로잡았다
and he died of punishment in the mines
그는 광산에서 형벌을 받아 죽었다
but the story he told begot a legend
그러나 그가 들려준 이야기는 전설을 낳았다
a legend that lingers to this day
오늘날까지 남아 있는 전설
and it travels the length of Andes
그리고 그것은 안데스 산맥의 길이를 여행합니다
He told of his reason for venturing back from that fastness
그는 그 금식에서 돌아온 이유에 대해 이야기했습니다
the place into which he had been carried
그가 끌려갔던 곳
he had been taken to that place as a child
그는 어렸을 때 그곳으로 끌려갔다
lashed to a llama, beside a vast bale of gear
라마에게 채찍질을, 거대한 장비 꾸러미 옆에서
He said the valley had all that the heart of man could desire
그는 그 골짜기에는 사람의 마음이 갈망할 수 있는 모든

것이 있다고 말했다
sweet water, pasture, an even climate
달콤한 물, 목초지, 균일한 기후
slopes of rich brown soil and tangles of a shrub
풍부한 갈색 토양의 경사면과 관목의 엉킴
he spoke of bushes that bore an excellent fruit
그분은 훌륭한 열매를 맺는 떨기나무에 대해 말씀하셨습니다
on one side there were great hanging forests of pine
한쪽에는 거대한 소나무 숲이 매달려 있었다
the pine had held the avalanches high
소나무가 눈사태를 높이 막아줬다
Far overhead, on three sides, there were vast cliffs
머리 위 저 멀리 삼면에는 거대한 절벽이 있었다
they were of a grey-green rock
그것들은 회록색 바위로 되어 있었다
and at the top there were caps of ice
그리고 꼭대기에는 얼음 뚜껑이 있었다
but the glacier stream came not to them
그러나 빙하의 흐름은 그들에게 오지 않았다
it flowed away by the farther slopes
그것은 더 먼 비탈로 흘러 나갔다
and only now and then huge ice masses fell
그리고 이따금씩 거대한 얼음 덩어리가 무너져 내렸다
In this valley it neither rained nor snowed
이 골짜기에는 비가 오지도 눈도 내리지 않았다
but the abundant springs gave a rich green pasture
그러나 풍부한 샘은 풍성한 푸른 목초지를 주었다
their irrigation spread over all the valley space
그들의 관개는 계곡 전체에 퍼져 나갔다

The settlers there did well indeed
그곳의 정착민들은 참으로 잘하였다
Their beasts did well and multiplied
그들의 짐승들은 잘 지냈고 번성하였다
only one thing marred their happiness
그들의 행복을 망친 것은 단 한 가지뿐이었다
And it was enough to mar their happiness greatly
그리고 그것은 그들의 행복을 크게 손상시키기에 충분했다
A strange disease had come upon them
이상한 질병이 그들에게 닥친 것이다
it made all their children blind
그것은 그들의 모든 자녀들을 눈멀게 했습니다
He was sent to find some charm or antidote
그는 어떤 부적이나 해독제를 찾기 위해 보내졌다
a cure against this plague of blindness
이 맹인의 재앙에 대한 치료제
so he returned down the gorge
그래서 그는 협곡을 따라 내려갔다
but not without fatigue, danger, and difficulty
그러나 피로와 위험과 어려움이 없는 것은 아니다
In those days men did not think of germs
그 당시 남자들은 세균을 생각하지 않았다
sin explained why this had happened
씬은 왜 이런 일이 일어났는지를 설명했다
this is what he thought too
그도 그렇게 생각했다
there was a cause for this affliction
이 고난에는 원인이 있었다
the immigrants had been without a priest

이주해 온 사람들은 사제가 없었다
they had failed to set up a shrine
그들은 신전을 세우는 데 실패했다
this should have been the first thing they did
이것이 그들이 가장 먼저 한 일이었어야 했다
He wanted to build a shrine
그는 신사를 짓고 싶었습니다
a handsome, cheap, effectual shrine
잘 생기고, 싸고, 효과적인 신사
he wanted it to be erected in the valley
그는 그 건물이 골짜기에 세워지기를 원했다
he wanted relics and such-like
그는 유물 같은 것을 원했다
he wanted potent things of faith
그는 강력한 믿음의 것들을 원했다
he wanted blessed objects and mysterious medals
그는 축복받은 물건과 신비한 메달을 원했습니다
and he felt they needed prayers
그리고 그는 그들에게 기도가 필요하다고 느꼈습니다
In his wallet he had a bar of silver
그의 지갑에는 은괴가 들어 있었다
but he would not say from where it was
그러나 그는 그것이 어디서 왔는지는 말하지 않았다
he insisted there was no silver in the valley
그는 그 골짜기에는 은이 없다고 주장했다
and he had the insistence of an inexpert liar
그리고 그는 미숙한 거짓말쟁이의 고집을 부렸다
They had collected their money and ornaments
그들은 돈과 장신구를 챙겼다
he said they had little need for such treasure

그는 그들에게 그런 보물이 거의 필요하지 않다고 말했다
he told them he would buy them holy help
그분은 그들에게 거룩한 도움을 사주겠다고
말씀하셨습니다
even though this was against their will
비록 이것이 그들의 의지에 반하는 것이었을지라도
말이다
he was sunburnt, gaunt, and anxious
그는 햇볕에 그을렸고, 수척했으며, 불안해했다
he was unused to the ways of the lower world
그는 낮은 세계의 방식에 익숙하지 않았다
clutching his hat feverishly he told his story
모자를 꽉 움켜쥔 채 그는 자신의 이야기를 들려주었다
he told his story to some keen-eyed priest
그는 예리한 눈을 가진 사제에게 자신의 이야기를
들려주었다
he secured some holy remedies
그는 몇 가지 거룩한 치료법을 확보했습니다
blessed water, statues, crosses and prayer books
축복받은 물, 조각상, 십자가 및 기도서
and he sought to return and save his people
그리고 그는 돌아와서 그의 백성을 구하고자 하였다
he came to the where the gorge had been
그는 협곡이 있던 곳으로 왔다
but in front of him was a mass of fallen stone
그러나 그의 앞에는 쓰러진 돌 덩어리가 있었다
imagine his infinite dismay
그가 한없이 당황했을지 상상해 보십시오
he had been expelled by nature from his land
그는 자연에 의해 그의 땅에서 쫓겨났다

But the rest of his story of mischances is lost
그러나 그의 나머지 불운에 대한 이야기는 사라졌습니다
all we know of is his evil death after several years
우리가 아는 것은 몇 년 후 그의 사악한 죽음뿐입니다
a poor stray from that remoteness!
그 외딴 곳에서 불쌍한 방황자!
The stream that had once made the gorge diverted
한때 협곡을 우회시켰던 시냇물이 흘러갔다
now it bursts from the mouth of a rocky cave
이제 그것은 바위 동굴의 입구에서 터져 나옵니다
and the legend of his story took on its own life
그리고 그의 이야기의 전설은 그 자체로 생명을 얻었다
it developed into the legend one may still hear today
그것은 오늘날에도 여전히 들을 수 있는 전설로 발전했습니다
a race of blind men "somewhere over there"
"저기 어딘가에" 맹인 종족
the little population was now isolated
얼마 안 되던 인구는 이제 고립되었다
the valley was forgotten by the outside world
계곡은 바깥 세상에서 잊혀졌다
and their disease ran its course
그리고 그들의 병은 계속되었다
The old had to grope to find their way
늙은이들은 길을 찾기 위해 더듬어야 했다
the young could see a little, but dimly
젊은이들은 조금은 볼 수 있었지만 희미하게 볼 수 있었다
and the newborns never saw at all
그리고 갓난아기들은 전혀 못했다
But life was very easy in the valley

그러나 계곡에서의 생활은 매우 쉬웠다
there were neither thorns nor briars
가시덤불도 찔레도 없었다
there were no evil insects in the land
그 땅에는 사악한 벌레가 없었습니다
and there were no dangerous beasts
위험한 짐승도 없었다
a gentle breed of llamas grazed the valley
온순한 라마 한 마리가 계곡에서 풀을 뜯고 있었다
those that could see had become purblind gradually
볼 수 있는 사람들은 점차 순맹하게 되었다
so their loss was scarcely noticed
그래서 그들의 손실은 거의 눈에 띄지 않았다
The elders guided the sightless youngsters
장로들은 앞을 볼 수 없는 젊은이들을 인도했습니다
and the young soon knew the whole valley marvellously
그리고 젊은이들은 곧 그 골짜기 전체를 놀랍게 알게 되었다
even when the last sight died out, the race lived on
마지막 광경이 사라졌을 때에도, 종족은 계속되었다
There had been enough time to adapt
적응할 시간은 충분했다
they learned the control of fire
그들은 불을 다스리는 법을 배웠다
they carefully put it in stoves of stone
그들은 그것을 돌로 된 난로에 조심스럽게 넣었다
at first they were a simple strain of people
처음에 그들은 단순한 사람들의 변종이었습니다
they had never had books or writing

그들은 책이나 글을 가져본 적이 없었다
and they were only slightly touched by Spanish civilisation
그리고 그들은 스페인 문명에 약간만 영향을 받았을 뿐이다
although they had some of the Peruvian traditions and arts
그들은 페루의 전통과 예술을 가지고 있었지만
and they kept some of those philosophies alive
그리고 그들은 그러한 철학 중 일부를 살렸습니다
Generation followed generation
세대를 이어 세대
They forgot many things from the world
그들은 세상에서 많은 것을 잊어버렸습니다
but they also devised many new things
그러나 그들은 또한 많은 새로운 것들을 고안해 냈다
the greater world they came from became mythical
그들이 온 더 큰 세계는 신화가 되었습니다
colours and details were uncertain
색상과 세부 사항은 불확실했습니다
and reference to sight became a metaphor
그리고 시각에 대한 언급은 은유가 되었다
In all things apart from sight they were strong and able
눈에 보이지 않는 모든 일에서 그들은 강하고 유능했다
occasionally one with an original mind was born to them
때때로 독창적인 정신을 가진 사람이 그들에게 태어났다
someone who could talk and persuade
대화하고 설득할 수 있는 사람
These passed away, leaving their effects

이것들은 그 영향만 남기고 세상을 떠났습니다
and the little community grew in numbers
그리고 그 작은 공동체는 그 수가 늘어났다
and their understanding of their world grew
그리고 그들의 세계에 대한 이해가 깊어졌습니다
and they settled social and economic problems that arose
그리고 그들은 발생한 사회적, 경제적 문제들을 해결하였다
Generations followed more generations
세대는 더 많은 세대를 따랐습니다.
fifteen generations had passed since that ancestor left
그 조상이 떠난 지 15세대가 지났다
the ancestor who took the bar of silver
은괴를 가져간 조상
the ancestor who went to find God's aid
하나님의 도움을 받으러 간 조상
the ancestor who never returned to the valley
계곡으로 돌아오지 않은 조상
but fifteen generations later a new man came
그러나 15세대 후에 새로운 사람이 왔다
a man from the outside world
바깥 세상에서 온 남자
a man who happened to find the valley of the blind
우연히 눈먼 자의 골짜기를 발견한 남자
this is the story of that man
이것은 그 남자의 이야기입니다
He was a mountaineer from the country near Quito
그는 키토 근처의 시골 출신의 산악인이었습니다
a man who had been down to the sea

바다로 내려간 사람
a man who had seen the world
세상을 본 사람
a reader of books in an original way
독창적인 방식으로 책을 읽는 독자
an acute and enterprising man
예리하고 진취적인 사람
he had been taken on by a party of Englishmen
그는 일단의 영국인들에게 붙잡혔다
they had come out to Ecuador to climb mountains
그들은 산을 오르기 위해 에콰도르로 나왔다
he replaced one of their guides who had fallen ill
그는 병에 걸린 안내자 중 한 명을 대신했다
He had climbed many mountains of the world
그는 세계의 많은 산을 올랐습니다
and then came the attempt at Mount Parascotopetl
그리고 나서 파라스코토페틀 산에서 시도가 있었다
this was the Matterhorn of the Andes
이것이 안데스 산맥의 마테호른이었다
here he was lost to the outer world
여기서 그는 바깥 세상으로 사라졌다
The story of that accident has been written a dozen times
그 사고에 대한 이야기는 수십 번 쓰여졌습니다
Pointer's narrative is the best account of events
포인터의 내러티브는 사건에 대한 최고의 설명입니다
He tells about the small group of mountaineers
그는 소수의 산악인들에 대해 이야기한다
he describes their difficult and almost vertical way up
그는 그들의 어렵고 거의 수직적인 길을 묘사합니다

to the very foot of the last and greatest precipice
마지막이자 가장 큰 벼랑 끝의 바로 밑까지
his account tells of how they built a night shelter
그의 기록은 그들이 어떻게 야간 대피소를 지었는지에 대해 알려 준다
amidst the snow upon a little shelf of rock
작은 바위 선반 위의 눈 속에서
he tells the story with a touch of real dramatic power
그는 극적인 힘으로 이야기를 들려줍니다
Nunez had gone from them in the night
누녜스는 그날 밤 그들에게서 사라졌다
They shouted, but there was no reply
그들은 소리쳤지만 대답이 없었다
and for the rest of that night they slept no more
그날 밤 나머지 시간 동안 그들은 더 이상 잠을 이루지 못하였다
As the morning broke they saw the traces of his fall
아침이 밝았을 때, 그들은 그가 쓰러진 흔적을 보았다
It seems impossible he could have uttered a sound
그가 소리를 낼 수 있었다는 것은 불가능해 보인다
He had slipped eastward
그는 동쪽으로 미끄러져 들어갔다
towards the unknown side of the mountain
산의 미지의 면을 향하여
far below he had struck a steep slope of snow
저 멀리 아래에는 눈이 쌓인 가파른 경사면이 있었다
and he must have tumbled all the way down it
그리고 그는 그 아래로 굴러 떨어졌을 것입니다
in the midst of a snow avalanche
눈사태 속에서

His track went straight to the edge of a frightful precipice
그의 발자국은 곧장 무서운 벼랑 끝으로 향했다
and beyond that everything was hidden
그리고 그 너머에는 모든 것이 숨겨져 있었습니다
Far below, and hazy with distance, they could see trees rising
저 멀리 아래, 그리고 멀리서 흐릿하게 보이는 나무들이 솟아오르는 것을 볼 수 있었다
out of a narrow, shut-in valley
좁고 폐쇄된 골짜기에서
the lost Country of the Blind
잃어버린 눈먼 자들의 나라
But they did not know it was the Country of the Blind
그러나 그들은 그곳이 눈먼 자들의 나라라는 것을 몰랐다
they could not distinguish it from any other narrow valley
그들은 그곳을 다른 좁은 골짜기와 구별할 수 없었다
Unnerved by this disaster, they abandoned their attempt
이 재난에 불안을 느낀 그들은 그 시도를 포기했다
and Pointer was called away to the war
그리고 포인터는 전쟁터로 불려갔다
later he did make another attempt at the mountain
나중에 그는 산에서 또 다른 시도를 했다
To this day Parascotopetl lifts an unconquered crest
오늘날까지 Parascotopetl은 정복되지 않은 문장을 들어 올립니다
and Pointer's shelter crumbles unvisited, amidst the snows

포인터의 은신처는 눈 속에서 아무도 모르게 무너져 내린다

And the man who fell survived...
그리고 쓰러진 남자는 살아남았다...

At the end of the slope he fell a thousand feet
비탈길 끝에서 그는 1,000피트 아래로 떨어졌다

he came down in the midst of a cloud of snow
그는 눈 구름 한가운데서 내려왔다

he landed on a snow-slope even steeper than the one above
그는 위의 경사면보다 더 가파른 눈 덮인 경사면에 착지했다

Down this slope he was whirled
이 비탈을 따라 그는 빙글빙글 돌았다

the fall stunned him and he lost consciousness
추락으로 그는 기절했고 의식을 잃었다

but not a bone in his body was broken
그러나 그의 몸의 뼈는 하나도 부러지지 않았다

finally, he fell down the gentler slopes
마침내, 그는 완만한 비탈길에서 굴러 떨어졌다

and at last he laid still
마침내 그는 가만히 누워 있었다

he was buried amidst a softening heap of the white snow
그는 부드러워지는 흰 눈 더미 속에 묻혔다

the snow that had accompanied and saved him
그를 따라다니며 구해준 눈

He came to himself with a dim fancy that he was ill in bed
그는 자신이 아파서 침대에 누워 있다는 어렴풋한 상상을

했다
then he realized what had happened
그제서야 그는 무슨 일이 일어났는지 깨달았다
with a mountaineer's intelligence he worked himself loose
그는 산악인의 지성으로 자신을 풀어 놓았다
from the snow he saw the stars
눈 속에서 그는 별을 보았다
He rested flat upon his chest
그는 가슴에 납작 엎드렸다
he wondered where he was
그는 자신이 어디에 있는지 궁금했다
and he wondered what had happened to him
그리고 그는 자기에게 무슨 일이 일어났는지 궁금해했다
He explored his limbs to check for damage
그는 팔다리를 살살이 뒤져 손상 여부를 확인했다
he discovered that several of his buttons were gone
그는 단추 몇 개가 사라진 것을 발견했습니다
and his coat was turned over his head
그의 겉옷은 그의 머리 위로 뒤집혔다
His knife had gone from his pocket
주머니에서 칼이 사라진 것이다
and his hat was lost too
그리고 그의 모자도 잃어버렸다
even though he had tied it under his chin
턱 밑에 묶어 놓았는데도
He recalled that he had been looking for loose stones
그는 흩어진 돌을 찾고 있었다고 회상했다
he wanted to raise his part of the shelter wall
그는 대피소 벽에서 자신의 부분을 올리고 싶었다

He realized he must have fallen
그는 자신이 추락한 것이 분명하다는 것을 깨달았다
and he looked up to see how far he had fallen
그리고 그는 자신이 얼마나 떨어졌는지 보려고 고개를 들었다
the cliff was exaggerated by the ghastly light of the rising moon
절벽은 떠오르는 달의 섬뜩한 빛에 의해 과장되었다
the fall he had taken was tremendous
그가 취한 타락은 엄청났다
For a while he lay without moving
한동안 그는 꼼짝도 하지 않고 누워 있었다
he gazed blankly at the vast, pale cliff
그는 광활하고 창백한 절벽을 멍하니 바라보았다
the mountain towered above him
산이 그의 머리 위로 우뚝 솟아 있었다
each moment it looked like it kept rising
매 순간 그것은 계속 솟아오르는 것처럼 보였다
rising out of a subsiding tide of darkness
가라앉는 어둠의 물결에서 일어서다
Its phantasmal, mysterious beauty held him
그 환상적이고 신비로운 아름다움이 그를 사로잡았다
and then he was seized with sobbing laughter
그러고는 흐느끼는 웃음소리에 사로잡혔다
After a great interval of time he became more aware
오랜 시간이 흐른 후, 그는 더 많은 것을 깨닫게 되었다
he was laying near the lower edge of the snow
그는 눈의 아래쪽 가장자리 근처에 누워 있었다
Below him the slope looked less steep
그 아래의 경사면은 덜 가파르게 보였다

he saw the dark and broken appearance of rock-strewn turf
그는 바위가 흩어져 있는 어둡고 부서진 잔디의 모습을 보았다

He struggled to his feet, aching in every joint
그는 힘겹게 일어섰고, 모든 관절이 아팠다

he got down painfully from the heaped loose snow
그는 쌓인 눈 더미에서 고통스럽게 내려왔다

and he went downward until he was on the turf
그는 잔디밭에 있을 때까지 아래로 내려갔다

there he dropped beside a boulder
거기서 그는 바위 옆에 쓰러졌다

he drank from the flask in his inner pocket
그는 안주머니에 있는 술병을 마셨다

and he instantly fell asleep
그리고 그는 즉시 잠이 들었다

He was awakened by the singing of birds
그는 새들의 지저귐에 잠에서 깼다

they were in the trees far below
그들은 저 멀리 아래에 있는 나무들 속에 있었다

He sat up and perceived he was on a little alp
그는 일어나 앉았고, 자신이 작은 알프스에 있다는 것을 알아차렸다

at the foot of a vast precipice
광활한 절벽 기슭에서

a precipice that sloped only a little in the gully
협곡에 약간 경사진 절벽

the path down which he and his snow had come
그와 그의 눈이 내려왔던 길

against him another wall of rock reared itself against

the sky
그를 향해 또 다른 바위 벽이 하늘을 향해 솟아올랐다
The gorge between these precipices ran east and west
이 절벽 사이의 협곡은 동쪽과 서쪽으로 뻗어 있었다
and it was full of the morning sunlight
아침 햇살이 가득했다
the sunlight lit the westward mass of fallen mountain
햇빛이 서쪽으로 떨어진 산을 비췄다
he could see it closed the descending gorge
그는 그것이 내려가는 협곡을 막고 있는 것을 볼 수 있었다
Below there was a precipice equally steep
아래에도 똑같이 가파른 절벽이 있었다
behind the snow in the gully he found a sort of chimney-cleft
협곡의 눈 뒤에서 그는 일종의 굴뚝 틈을 발견했다
it was dripping with snow-water
눈이 뚝뚝 떨어지고 있었다
a desperate man might be able to venture it
절망에 빠진 사람이라면 모험을 감행할 수 있을지도 모른다
He found it easier than it seemed
그는 그것이 생각보다 쉽다는 것을 알았다
and at last he came to another desolate alp
그리고 마침내 그는 또 다른 황량한 알프스에 이르렀다
there was a rock climb of no particular difficulty
특별한 어려움이 없는 암벽 등반이 있었습니다
and he reached a steep slope of trees
그는 나무가 우거진 가파른 비탈에 이르렀다
from here he was able to get his bearings
여기에서 그는 방향을 잡을 수 있었습니다

he turned his face up the gorge
그는 협곡 위로 얼굴을 돌렸다
he saw it opened into green meadows
그는 그것이 푸른 초원으로 열리는 것을 보았다
there he saw quite distinctly the glimmer of some stone huts
거기서 그는 돌로 된 오두막 몇 채의 희미한 빛을 아주 뚜렷하게 보았다
although the huts looked very strange
오두막은 매우 이상하게 보였지만
even from a distance they didn't look like normal huts
멀리서 봐도 일반 오두막처럼 보이지 않았습니다
At times his progress was like clambering along the face of a wall
때때로 그의 발전은 벽을 따라 기어오르는 것과 같았다
and after a time the rising sun ceased to strike along the gorge
그리고 얼마 후 떠오르는 태양이 협곡을 따라 내리쬐는 것을 멈췄다
the voices of the singing birds died away
지저귀는 새들의 목소리가 사라졌다
and the air grew cold and dark
공기가 차갑고 어두워졌다
But the distant valley with its houses got brighter
그러나 집들이 있는 먼 골짜기는 점점 더 밝아졌다
He came to the edge of another cliff
그는 또 다른 절벽 끝에 이르렀다
he was an observant man
그는 관찰력이 뛰어난 사람이었다
among the rocks he noted an unfamiliar fern

바위 사이에서 그는 낯선 양치식물을 발견했다
it seemed to clutch out of the crevices with intense green hands
그것은 강렬한 녹색 손으로 틈새를 움켜쥐고 있는 것 같았다
He picked some of these new plants
그는 이 새로운 식물들 중 몇 가지를 골랐다
and he gnawed their stalks
그리고 그들의 줄기를 갉아먹었다
they gave him strength and energy
그들은 그에게 힘과 활력을 주었다
About midday he came out of the throat of the gorge
정오쯤 되자 그는 협곡의 목구멍에서 나왔다
and he came into the plain of the valley
그리고 골짜기 평원으로 들어갔다
here he was in the sunlight again
여기서 그는 다시 햇빛 속에 있었다
He was stiff and weary
그는 뻣뻣하고 지쳐 있었다
he sat down in the shadow of a rock
그는 바위 그늘에 앉았다
he filled up his flask with water from a spring
그는 물병에 샘물을 가득 채웠다
and he drank the spring water
샘물을 마셨다
he remained where he was for some time
그는 얼마 동안 그 자리에 머물렀다
before going to the houses he had decided to rest
집으로 가기 전에 그는 쉬기로 결심했다
They were very strange to his eyes

그의 눈에는 그것들이 매우 이상하게 보였다
the more he looked around, the stranger the valley seemed
주위를 둘러보면 볼수록 계곡은 더 낯설게 느껴졌다
The greater part of its surface was lush green meadow
그 표면의 대부분은 무성한 녹색 초원이었습니다
it was starred with many beautiful flowers
그것은 많은 아름다운 꽃들로 별을 달았습니다
extraordinary care had been taken for the irrigation
관개에 각별한 주의를 기울였다
and there was evidence of systematic cropping
그리고 체계적인 작물 재배의 증거가 있었다
High up around the valley was a wall
골짜기 주위의 높은 곳에는 벽이 있었다
there also appeared to be a circumferential water channel
또한 둘레에 있는 수로가 있는 것으로 보였다
the little trickles of water fed the meadow plants
작은 물방울이 초원의 식물을 먹여 살렸습니다
on the higher slopes above this were flocks of llamas
그 위의 높은 경사면에는 라마 떼가 있었다
they cropped the scanty herbage
그들은 빈약한 풀밭을 잘라냈다
there were some shelters for the llamas
라마들을 위한 은신처가 몇 군데 있었다
they had been built against the boundary wall
그들은 경계 벽을 기대고 지어졌습니다
The irrigation streams ran together into a main channel
관개 물줄기는 함께 주요 수로로 이어졌습니다
these ran down the centre of the valley

이들은 계곡 중앙을 따라 내려갔다

and this was enclosed on either side by a wall chest high

그리고 이것은 양쪽에 가슴 높이의 벽으로 둘러싸여 있었다

This gave an urban quality to this secluded place

이것은 이 외딴 곳에 도시적인 특성을 부여했습니다

a number of paths were paved with black and white stones

많은 길은 검은 돌과 흰 돌로 포장되어 있었다

and the paths had a strange kerb at the side

그리고 길에는 이상한 연석이 있었다

this made it seem even more urban

이것은 그것을 더욱 도시적으로 보이게 만들었습니다

The houses of the central village were not randomly arranged

중앙 마을의 집들은 아무렇게나 배치되지 않았다

they stood in a continuous row

그들은 연속적으로 일렬로 섰다

and they were on both sides of the central street

그들은 중앙 거리의 양쪽에 있었다

here and there the odd walls were pierced by a door

여기저기서 이상한 벽이 문에 뚫려 있었다

but there was not a single window to be seen

그러나 창문은 하나도 보이지 않았다

They were coloured with extraordinary irregularity

그것들은 유난히 불규칙한 색으로 채색되어 있었다

they had been smeared with a sort of plaster

그것들은 일종의 석고로 칠해져 있었다

sometimes it was grey, sometimes drab

때로는 회색이었고 때로는 칙칙했습니다
sometimes it was slate-coloured
때로는 슬레이트 색이었습니다
at other times it was dark brown
어떤 때는 짙은 갈색이었다
it was the wild plastering that first elicited the word blind
맹인이라는 단어를 처음으로 이끌어 낸 것은 야생의 미장이었습니다
"whoever did this must have been as blind as a bat"
"누가 이런 짓을 했든지 틀림없이 박쥐처럼 눈이 멀었을 것이다"
but also notable was their astonishing cleanness
그러나 또한 주목할 만한 것은 그들의 놀랄 만한 깨끗함이었다
He descended down a steep place
그는 가파른 곳을 내려갔다
and so he came to the wall
그래서 그는 성벽으로 왔다
this wall led the water around the valley
이 벽은 계곡 주위로 물을 이끌었다
and it ended near the bottom of the village
그리고 그것은 마을의 바닥 근처에서 끝났다
He could now see a number of men and women
그는 이제 많은 남자와 여자를 볼 수 있었다
they were resting on piled heaps of grass
그들은 쌓인 풀무더기 위에서 쉬고 있었다
they seemed to be taking a siesta
그들은 낮잠을 자고 있는 것 같았다
in the remoter part there were a number of children

외딴 곳에는 많은 아이들이 있었다
and then, nearer to him, there were three men
그리고 그분 가까이에는 세 사람이 있었다
they were carrying pails along a little path
그들은 작은 길을 따라 양동이를 나르고 있었다
the paths ran from the wall towards the houses
길은 벽에서 집들을 향해 뻗어 있었다
The men were clad in garments of llama cloth
남자들은 라마 천으로 된 옷을 입고 있었다
and their boots and belts were of leather
그들의 장화와 허리띠는 가죽으로 되어 있었다
and they wore caps of cloth
그들은 천으로 된 모자를 썼다
They followed one another in single file
그들은 한 줄로 서로를 따랐습니다
they yawned as they slowly walked
그들은 천천히 걸으면서 하품을 했다
like men who have been up all night
밤새도록 깨어 있는 사람들처럼
Their movement seemed prosperous and respectable
그들의 운동은 번창하고 존경받을 만한 것처럼 보였다
Nunez only hesitated for a moment
누네즈는 잠시 머뭇거렸다
and then he came out from behind his rock
그리고 그는 바위 뒤에서 나왔다
he gave vent to a mighty shout
그는 힘찬 함성을 질렀다
and his voice echoed round the valley
그의 목소리가 골짜기에 울려 퍼졌다
The three men stopped and moved their heads

세 남자는 멈춰 서서 고개를 움직였다
They seemed to be looking around
그들은 주위를 둘러보고 있는 것 같았다
They turned their faces this way and that way
그들은 얼굴을 이쪽으로 돌리고 저쪽으로 돌렸다
and Nunez gesticulated wildly
누네스는 거칠게 몸짓을 했다
But they did not appear to see him
그러나 그들은 그를 못하는 것 같았다
despite all his waving and gestures
그의 모든 손짓과 몸짓에도 불구하고
eventually they stood themselves towards the mountains
이윽고 그들은 산을 향해 섰다
these were far away to the right
이들은 오른쪽으로 멀리 떨어져 있었다
and they shouted as if they were answering
그러자 그들은 대답하는 것처럼 소리쳤다
Nunez bawled again, and he gestured ineffectually
누네즈는 다시 울부짖었고, 그는 무력한 몸짓을 했다
"The fools must be blind," he said
"어리석은 자는 눈이 멀었음에 틀림없다"고 그는 말했다
all the shouting and waving didn't help
모든 소리와 손짓은 도움이되지 않았습니다
so Nunez crossed the stream by a little bridge
그래서 누네즈는 작은 다리를 건너 개울을 건넜다
he came through a gate in the wall
그는 성벽의 문을 통해 들어왔다
and he approached them directly
그리고 그분은 그들에게 직접 다가가셨습니다

he was sure that they were blind
그는 그들이 눈이 멀었다고 확신했다
he was sure that this was the Country of the Blind
그는 이곳이 눈먼 자들의 나라라고 확신했다
the country of which the legends told
전설이 전하는 나라
he had a sense of great adventure
그는 대단한 모험심을 가지고 있었다
The three stood side by side
세 사람은 나란히 섰다
but they did not look at him
그러나 그들은 그를 쳐다보지 않았다
however, their ears were directed towards him
그러나 그들의 귀는 그분을 향하고 있었다
they judged him by his unfamiliar steps
그들은 그의 낯선 발걸음으로 그를 판단했다
They stood close together, like men a little afraid
그들은 약간 겁에 질린 사람들처럼 가까이 서 있었다
and he could see their eyelids were closed and sunken
그리고 그는 그들의 눈꺼풀이 감겨 움푹 패인 것을 볼 수 있었다
as though the very balls beneath had shrunk away
마치 바로 그 밑에 있던 공들이 쪼그라든 것처럼 말이다
There was an expression near awe on their faces
그들의 얼굴에는 경외심에 가까운 표정이 떠올랐다
"A man," one said to the others
"남자야." 한 사람이 다른 사람에게 말했다
Nunez hardly recognized the Spanish
누네즈는 스페인 사람을 거의 알아보지 못했다
"A man it is. Or it a spirit"

"남자다. 아니면 영혼"
"he come down from the rocks"
"그가 바위에서 내려오시고"
Nunez advanced with the confident steps
누녜스는 자신감 넘치는 발걸음으로 전진했다
like a youth who enters upon life
생명에 들어간 젊은이처럼
All the old stories of the lost valley
잃어버린 계곡의 모든 옛 이야기
all the stories of the Country of the Blind
맹인의 나라의 모든 이야기
it all come back to his mind
모든 것이 그의 마음속에 떠올랐다
and through his thoughts ran an old proverb
그리고 그의 생각 속에는 오래된 속담이 있었다
"In the Country of the Blind..."
"눈먼 자들의 나라에서..."
"...the One-Eyed Man is King"
"... 외눈박이 남자가 왕이다"
"In the Country of the Blind the One-Eyed Man is King"
"눈먼 자의 나라에서는 외눈박이가 왕이다"
very civilly he gave them greeting
그는 매우 정중하게 그들에게 인사를 건넸다
He talked to them and used his eyes
그는 그들에게 말을 걸고 눈을 사용했다
"Where does he come from, brother Pedro?" asked one
"페드로 형제님, 그는 어디서 왔습니까?" 하고 한 사람이 물었다
"from out of the rocks"

"바위 밖에서"
"I come from over the mountains," said Nunez
"저는 산 너머에서 왔어요." 누네즈가 말했다
"I'm from the country where where men can see"
"나는 남자가 볼 수 있는 나라에서 왔어"
"I'm from a place near Bogota"
"저는 보고타 근처 출신입니다."
"there there are hundreds of thousands of people"
"그곳에는 수십만 명의 사람들이 있습니다"
"the city is so big it goes over the horizon"
"도시는 너무 커서 지평선 너머로 간다"
"Sight?" muttered Pedro
"시력이요?" 페드로가 중얼거렸다
"He comes out of the rocks," said the second blind man
"그는 바위에서 나온다." 두 번째 소경이 말했다
The cloth of their coats was curiously fashioned
그들의 외투의 천은 신기하게도 만들어졌다
each patch was of a different sort of stitching
각 패치는 다른 종류의 바느질이었습니다
They startled him by a simultaneous movement towards him
그들은 동시에 그를 향해 움직여 그를 깜짝 놀라게 했다
each of them had his hand outstretched
그들 각자는 손을 내밀었다
He stepped back from the advance of these spread fingers
그는 벌린 손가락의 전진에서 한 걸음 물러섰다
"Come hither," said the third blind man
"이리로 오너라." 세 번째 소경이 말했다
and he followed Nunez' motion

그리고 누녜스의 움직임을 따랐다
he quickly had hold of him
그는 재빨리 그를 붙잡았다
they held Nunez and felt him over
그들은 누네즈를 안고 그를 느꼈다
they said no word further until they were done
그들은 말이 끝날 때까지 더 이상 아무 말도 하지 않았다
"Careful!" he exclaimed, with a finger in his eye
"조심해!" 그가 손가락으로 눈을 가리며 소리쳤다
they had found a strange organ on him
그들은 그에게서 이상한 장기를 발견했다
"it has fluttering skin"
"피부가 펄럭인다"
"it is very strange indeed"
"참으로 이상하다"
They went over it again
그들은 그것을 다시 검토했습니다
"A strange creature, Correa," said the one called Pedro
"이상한 생물이군, 코레아." 페드로라는 자가 말했다
"Feel the coarseness of his hair"
"그의 머리카락의 거친 느낌을 느껴라"
"it's like a llama's hair"
"라마의 머리카락 같아요"
"Rough he is as the rocks that begot him," said Correa
"그는 그를 낳은 바위처럼 거칠다." 코레아가 말했다
and he investigated Nunez's unshaven chin
그리고 그는 누네즈의 면도하지 않은 턱을 조사했다
his hands were soft and slightly moist
그의 손은 부드럽고 약간 촉촉했다
"Perhaps he will grow finer"

"어쩌면 더 잘 자랄지도 몰라요"
Nunez tried to free himself from their examination
누네즈는 그들의 검사에서 벗어나려고 노력했다
but they had a firm grip on him
그러나 그들은 그를 굳게 붙잡고 있었다
"Careful," he said again "he speaks"
"조심해," 그가 다시 말했다.
"we can be sure that he is a man"
"우리는 그분이 사람이심을 확신할 수 있습니다"
"Ugh!" said Pedro, at the roughness of his coat
"으윽!" 페드로가 거친 코트를 보며 말했다
"And you have come into the world?" asked Pedro
"그러면 당신은 세상에 오셨습니까?" 페드로가 물었다
"I come from the world out there"
"나는 저 세상 밖에서 왔어요"
"I come from over mountains and glaciers"
"나는 산과 빙하 너머에서 왔다"
"it is half-way to the sun"
"태양의 반쯤 남았다"
"Out of the great, big world that goes down"
"무너지는 크고 큰 세상에서"
"twelve days' journey to the sea"
"바다로 가는 12일간의 여행"
They scarcely seemed to heed him
그들은 그의 말에 거의 귀를 기울이지 않는 것 같았다
"Our fathers have told us of such things"
"우리 조상들이 이런 일을 우리에게 일러주었습니다"
"men may be made by the forces of Nature," said Correa
"인간은 자연의 힘에 의해 만들어질 수 있다"고 코레아는

말했다

"Let us lead him to the elders," said Pedro
"그를 장로들에게 인도합시다." 페드로가 말했다

"Shout first," said Correa
"먼저 외쳐라." 코레아가 말했다

"the children might be afraid"
"아이들이 무서워할지도 몰라"

"This is a marvellous occasion"
"이것은 놀라운 기회입니다"

So they shouted to the others
그래서 그들은 다른 사람들에게 소리쳤습니다

Pedro took Nunez by the hand
페드로는 누네즈의 손을 잡았다

and he lead him to the houses
그는 그를 집들로 데리고 갔다

He drew his hand away
그는 손을 뗐다

"I can see," he said
"알겠어." 그가 말했다

"to see?" said Correa
"보려고?" 코레아가 말했다

"Yes, I can see with my eyes," said Nunez
"네, 눈으로 볼 수 있어요." 누네즈가 말했다

and he turned towards him
그리고 그는 그를 향해 돌아섰다

but he stumbled against Pedro's pail
그러나 그는 페드로의 양동이에 걸려 넘어졌다

"His senses are still imperfect," said the third blind man
"그의 감각은 아직 불완전합니다." 세 번째 소경이 말했다

"He stumbles, and talks unmeaning words"
"그는 걸려 넘어지며 헛된 말을 한다"
"Lead him by the hand"
"그의 손을 잡아 인도하라"
"As you will" said Nunez
"네 뜻대로." 누네즈가 말했다
and he was led along
그리고 그는 끌려갔다
but he had to laugh at the situation
그러나 그는 그 상황을 비웃을 수밖에 없었다
it seemed they knew nothing of sight
그들은 시력을 전혀 모르는 것 같았다
"I will teach them soon enough," he thought to himself
"조만간 아이들을 가르쳐야겠어." 그는 속으로 생각했다
He heard people shouting
사람들이 외치는 소리가 들렸다
and he saw a number of figures gathering together
그리고 그는 많은 인물들이 함께 모여 있는 것을 보았다
he saw them in the middle roadway of the village
그는 마을의 중간 길에서 그들을 보았다
all of it taxed his nerve and patience
이 모든 것이 그의 신경과 인내심을 괴롭혔다
there were more than he had anticipated
그가 예상했던 것보다 더 많은 것이 있었다
this was the first encounter with the population
이것이 인구와의 첫 만남이었습니다
the people from the Country of the Blind
맹인의 나라에서 온 사람들
The place seemed larger as he drew near to it
가까이 다가가자 그곳은 더 넓어 보였다

and the smeared plasterings became even queerer
그리고 번진 회반죽은 더욱 기괴해졌다
a crowd of children and men and women came around him
한 무리의 아이들과 남녀들이 그분 주위로 모여들었다
they all tried to hold on to him
그들은 모두 그를 붙잡으려고 애썼다
they touched him with their soft and sensitive hands
그들은 부드럽고 예민한 손으로 그분을 만졌습니다
not surprisingly, they smelled at him too
놀랄 것도 없이, 그들도 그의 냄새를 맡았다
and they listened at every word he spoke
그들은 그가 하는 모든 말에 귀를 기울였다
some of the women and girls had quite sweet faces
일부 여성과 소녀들은 꽤 상냥한 얼굴을 하고 있었습니다
even though their eyes were shut and sunken
비록 눈이 감겨 가라앉았을지라도
he thought this would make his stay more pleasant
그는 이렇게 하면 더 즐겁게 지낼 수 있을 것이라고 생각했다
However, some of the maidens and children kept aloof
그러나 일부 처녀들과 아이들은 냉담했다
they seemed to be afraid of him
그들은 그를 두려워하는 것 같았다
his voice seemed coarse and rude beside their softer notes
그의 목소리는 부드러운 음표 옆에서 거칠고 무례해 보였다
it is reasonable to say the crowd mobbed him
군중이 그를 폭도처럼 몰아붙였다고 말하는 것이

합리적이다

but his three guides kept close to him
그러나 그의 세 안내자는 그의 곁에 머물렀다

they had taken some pride and ownership in him
그들은 그에게 약간의 자부심과 주인의식을 가지고 있었다

again and again they said, "A wild man out of the rocks"
그들은 거듭거듭 말하기를, "바위에서 나온 거친 사람"

"Bogota," he said, "Over the mountain crests"
"보고타," 그가 말했다, "산마루 너머로"

"A wild man using wild words," said Pedro
"거친 말을 하는 거친 사람." 페드로가 말했다

"Did you hear that, Bogota?"
"들었어, 보고타?"

"His mind has hardly formed yet"
"그의 정신은 아직 거의 형성되지 않았다"

"He has only the beginnings of speech"
"그는 단지 말하기의 시작에 불과하다"

A little boy nipped his hand
한 어린 소년이 손을 깨물었다

"Bogota!" he said mockingly
"보고타!" 그가 조롱하듯 말했다

"Aye! A city to your village"
"그래! 도시가 당신의 마을로"

"I come from the great world"
"나는 큰 세상에서 왔다"

"the world where men have eyes and see"
"사람이 눈으로 보고 보는 세상"

"His name's Bogota," they said

"그의 이름은 보고타입니다." 그들이 말했다
"He stumbled," said Correa
"그는 비틀거렸다." 코레아가 말했다
"he stumbled twice as we came hither"
"우리가 이리로 올 때에 그가 두 번이나 걸려 넘어졌더라"
"bring him in to the elders"
"그를 장로들에게로 데리고 오십시오"
And they thrust him through a doorway
그리고 그들은 그를 문간으로 밀어 넣었다

he found himself in a room as black as pitch
그는 칠흑처럼 어두운 방에 있는 자신을 발견했다
but slowly his eyes adjusted to the darkness
하지만 그의 눈은 서서히 어둠에 적응했다
at the far end a fire faintly glowed
반대편 끝에서 불이 희미하게 타오르고 있었다
The crowd closed in behind him
군중이 그의 뒤를 바짝 쫓았다
and they shut out any light that could have come from outside
그리고 그들은 외부에서 올 수 있는 모든 빛을 차단했습니다
before he could stop himself he had fallen
그가 미처 멈추기도 전에 그는 쓰러졌다
he fell right into the lap of a seated man
그는 앉아있는 남자의 무릎 위로 떨어졌다
and his arm struck the face of someone else
그의 팔이 다른 사람의 얼굴을 쳤다
he felt the soft impact of features
그는 이목구비의 부드러운 임팩트를 느꼈다
and he heard a cry of anger

그리고 그는 분노의 부르짖음을 들었다
for a moment he struggled against a number of hands
잠시 동안 그는 여러 손과 씨름했다
all of them were clutching him
그들 모두가 그를 붙잡고 있었다
but it was a one-sided fight
그러나 그것은 일방적인 싸움이었다
An inkling of the situation came to him
상황을 어렴풋이 짐작할 수 있었다
and he decided to lay quiet
그리고 그는 조용히 누워 있기로 결심했다
"I fell down," he said
"저는 쓰러졌어요." 그가 말했다
"I couldn't see in this pitchy darkness"
"이 칠흑 같은 어둠 속에서는 앞을 볼 수 없었어요"
There was a pause at what he had said
그의 말에 잠시 침묵이 흘렀다
he felt unseen persons trying to understand his words
그는 보이지 않는 사람들이 자신의 말을 이해하려고 애쓰는 것을 느꼈다
Then he heard the voice of Correa
그때 코레아의 목소리가 들렸다
"He is but newly formed"
"그는 새로 지음을 입었을 뿐이다"
"He stumbles as he walks"
"걸으시면서 걸려 넘어지는도다"
"and his speech mingles words that mean nothing"
"그의 말은 아무 의미도 없는 말들을 섞어 놓는다"
Others also said things about him
다른 사람들도 그에 대해 이렇게 말했습니다

they all confirmed they could not perfectly understand him
그들 모두는 그를 완전히 이해할 수 없다는 것을 확인했다
"May I sit up?" he asked during a pause
"앉아도 될까요?" 잠시 침묵한 그가 물었다
"I will not struggle against you again"
"다시는 너를 대적하여 싸우지 않겠다"
the elders consulted, and let him rise
장로들은 의논하고 그를 일으켜 세웠다
The voice of an older man began to question him
나이 든 남자의 목소리가 그에게 질문하기 시작했다
again, Nunez found himself trying to explain the world
누네즈는 다시 세상을 설명하려고 애쓰는 자신을 발견했다
the great world out of which he had fallen
그가 추락한 거대한 세계
he told them of the sky and mountains
그분은 그들에게 하늘과 산에 대해 말씀하셨습니다
and he tried to convey other such marvels
그리고 그는 그러한 다른 경이로움을 전하려고 노력했다
but the elders sat in darkness
그러나 장로들은 어둠 속에 앉아 있었다
and they did not know of the Country of the Blind
그들은 눈먼 자들의 나라에 대해 알지 못하였더라
if only he could show these elders
그가 이 장로들을 보여줄 수만 있다면
but they believed and understood nothing
그러나 그들은 아무것도 믿지 않았고 이해하지 못했다
whatever he told them created confusion

그가 그들에게 말하는 것은 무엇이든 혼란을 일으켰다
it was all quite outside his expectations
모든 것이 그의 예상을 벗어난 것이었다
They did not understand many of his words
그들은 그의 많은 말씀을 이해하지 못하였다
For generations these people had been blind
여러 세대에 걸쳐 이 사람들은 눈이 멀어 있었습니다
and they had been cut off from all the seeing world
그들은 보는 모든 세계로부터 단절되었다
the names for all the things of sight had faded and changed
눈에 보이는 모든 것들의 이름은 희미해지고 바뀌었다
the story of the outer world had become a story
바깥 세계의 이야기가 이야기가 된 것이다
his world was just something people told their children
그의 세계는 그저 사람들이 자식들에게 말해주는 것뿐이었다
and they had ceased to concern themselves with it
그리고 그들은 그것에 대해 더 이상 관심을 갖지 않았다
the only thing of interest was inside the rocky slopes
유일한 관심은 바위가 많은 경사면 안에있었습니다
they lived only in their circling wall
그들은 빙글빙글 도는 벽 안에서만 살았다
Blind men of genius had arisen among them
그들 가운데서 천재적인 눈먼 사람들이 일어났다
they had questioned the old believes and traditions
그들은 옛 신앙과 전통에 의문을 품었다
and they had dismissed all these things as idle fancies
그리고 그들은 이 모든 것을 쓸데없는 공상으로 치부해

버렸다
they replaced them with new and saner explanations
그들은 그것들을 새롭고 더 건전한 설명으로 대체했다
Much of their imagination had shrivelled with their eyes
그들의 상상력은 대부분 그들의 눈과 함께 쪼그라들었다
their ears and finger-tips had gotten ever more sensitive
그들의 귀와 손가락 끝은 점점 더 예민해졌다
and with these they had made themselves new imaginations
그리고 이것으로 그들은 새로운 상상력을 만들었다
Slowly Nunez realised the situation he was in
누네즈는 서서히 자신이 처한 상황을 깨달았다
he could not expect any reverence for his origin
그는 자신의 기원에 대한 어떤 존경심도 기대할 수 없었다
his gifts were not as useful as he thought
그의 선물은 그가 생각했던 것만큼 유용하지 않았다
explaining sight was not going to be easy
시력을 설명하는 것은 쉽지 않을 것입니다
his attempts had been quite incoherent
그의 시도는 상당히 일관성이 없었다
he was deflated from his initial excitement
그는 처음의 흥분에서 벗어나 있었다
and he subsided into listening to their instruction
그리고 그는 그들의 가르침에 귀를 기울이는 데 몰두하였다
the eldest of the blind men explained to him life
장님들 중 가장 나이가 많은 사람이 그에게 인생을 설명해 주었습니다

he explained to him philosophy and religion
그는 그에게 철학과 종교를 설명해 주었다
he described the origins of the world
그는 세계의 기원을 설명했다
(by this of course he meant the valley)
(물론 이 말은 골짜기를 의미했다)
first it had been an empty hollow in the rocks
처음에는 바위 틈에 텅 빈 구덩이가 있었다
first came inanimate things without the gift of touch
처음에는 촉각의 선물이 없는 무생물이 등장했습니다
then came llamas and other creatures of little sense
그러자 라마와 이성이 거의 없는 다른 생물들이 나타났다
when all had been put in place, men came
모든 것이 제자리를 잡았을 때, 사람들이 왔다
and finally angels came to the world
그리고 마침내 천사들이 세상에 왔다
one could hear the angels singing and making fluttering sounds
천사들이 노래하고 펄럭이는 소리를 내는 것을 들을 수 있었습니다
but it was impossible to touch them
그러나 그것들을 만지는 것은 불가능했다
this explanation first puzzled Nunez greatly
이 설명은 처음에 누네즈를 크게 당황하게 만들었다
but then he thought of the birds
하지만 이내 새들이 떠올랐다
He went on to tell Nunez how time had been divided
그는 누네스에게 시간이 어떻게 나뉘었는지에 대해 이야기했다
there was the warm time and the cold time

따뜻한 때와 추운 때가 있었다
of course these are the blind equivalents of day and night
물론 이것들은 낮과 밤의 맹목적인 등가물입니다
he told how it was good to sleep in the warm
그는 따뜻한 곳에서 자는 것이 얼마나 좋은지 이야기했습니다.
he explained how it was better to work during the cold
그는 추운 날에 일하는 것이 더 낫다고 설명했습니다
normally the whole town of the blind would now have been asleep
평소 같았으면 눈먼 마을 전체가 잠들었을 것이다
but this special event kept them up
그러나 이 특별한 사건은 그들을 계속 유지시켜 주었다
He said Nunez must have been specially created to learn
그는 누네즈가 배우기 위해 특별히 창조되었음에 틀림없다고 말했다
and he was there to serve the wisdom they had acquired
그리고 그는 그들이 얻은 지혜를 섬기기 위해 그곳에 있었다
his mental incoherency was ignored, for the time being
그의 정신적 지리멸렬함은 당분간 무시되었다
and he was forgiven for his stumbling behaviour
그리고 그는 자신의 걸려 넘어진 행동에 대해 용서를 받았습니다
he was told to have courage in this world
그는 이 세상에서 용기를 가지라는 말을 들었다
and he was told to do his best to learn

그리고 그는 배우기 위해 최선을 다하라는 말을
들었습니다
**all the people in the doorway murmured
encouragingly**
문간에 있던 모든 사람들이 용기를 북돋우며 중얼거렸다
He said the night was far gone
그는 밤이 멀었다고 말했다
(the blind call their day night)
(소경은 낮을 밤이라고 부른다)
so he encouraged everyone to go back to sleep
그래서 그는 모두에게 다시 잠을 자라고 권했다
He asked Nunez if he knew how to sleep
그는 누네즈에게 잠을 잘 줄 아느냐고 물었다
Nunez said he did know how to sleep
누네즈는 잠을 잘 줄 안다고 말했다
but that before sleep he wanted food
그러나 잠들기 전에 그는 음식을 원했다
They brought him some of their food
그들은 그에게 음식을 가져다주었습니다
llama's milk in a bowl and rough salted bread
그릇에 담긴 라마의 우유와 소금에 절인 거친 빵
and they led him into a lonely place
그들은 그분을 외딴 곳으로 끌고 갔다
so that he could eat out of their hearing
그들의 귀에 들리지 않게 먹을 수 있도록 하기 위해서였다
afterwards he was allowed to slumber
그 후에 그는 잠을 자도록 허락되었다
until the chill of the mountain evening roused them
산속의 추위가 그들을 깨울 때까지
and then they would begin their day again

그리고 그들은 다시 하루를 시작할 것입니다

But Nunez slumbered not at all
하지만 누녜스는 전혀 잠들지 않았다

Instead, he sat up in the place where they had left him
대신, 그는 그들이 자기를 떠난 자리에 앉았다

he rested his limbs, still sore from the fall
그는 넘어진 탓에 여전히 아픈 팔다리를 쉬고 있었다

and he turned everything over and over in his mind
그리고 그는 마음속으로 모든 것을 뒤집어 보았다

the unanticipated circumstances of his arrival
그가 도착했을 때 예상치 못했던 상황

Every now and then he laughed
이따금 그는 웃었다

sometimes with amusement, and sometimes with indignation
때로는 즐겁게, 때로는 분노로

"Unformed mind!" he said, "Got no senses yet!"
"정신이 형성되지 않았어!" 그가 말했다, "아직 감각이 없어!"

"little do they know what they're saying!"
"놈들은 자기들이 무슨 말을 하는지 거의 모르잖아!"

"they've been insulting their Heaven-sent King and master"
"그들은 하늘이 보내신 왕과 주인을 모욕하고 있다"

"I see I must bring them to reason"
"내가 그들을 이성적으로 끌어와야 할 것 같군"

"Let me think about this..."
"이것에 대해 생각해보자..."

He was still thinking when the sun set
그는 해가 질 때에도 여전히 생각하고 있었다

Nunez had an eye for all beautiful things
누네즈는 모든 아름다운 것들을 보는 눈을 가지고 있었다
he saw the glow upon the snow-fields and glaciers
그는 설원과 빙하의 빛을 보았다
on the mountains that rose about the valley on every side
사방의 골짜기 주위에 솟아오른 산들 위에
it was the most beautiful thing he had ever seen
그것은 그가 이제껏 본 것 중 가장 아름다운 것이었다
His eyes went over the inaccessible glory to the village
그의 시선은 마을의 다가갈 수 없는 영광을 바라보았다
he looked over irrigated fields sinking into the twilight
그는 땅거미가 질 듯 가라앉는 관개용 들판을 바라보았다
suddenly a wave of emotion hit him
갑자기 감정의 파도가 그를 덮쳤다
he thanked God from the bottom of his heart
그는 마음 깊은 곳에서 우러나오는 하나님께 감사드렸습니다
"thank you for the power of sight you have given me"
"제게 시력의 힘을 주셔서 감사합니다"
He heard a voice calling to him
그는 자신을 부르는 목소리를 들었다
it was coming from the village
마을에서 오고 있었다
"ahoi-hoi, Bogota! Come hither!"
"아호이-호이, 보고타! 이리로 오너라!"
At that he stood up, smiling
그러자 그는 미소를 지으며 일어섰다
He would show these people once and for all!

그는 이 사람들에게 단번에 그리고 영원히 보여줄 것입니다!
"they will learn what sight can do for a man!"
"그들은 시력이 인간에게 무엇을 할 수 있는지 배우게 될 것입니다!"
"I shall make them seek me"
"내가 그들로 나를 찾게 하리라"
"but they shall not be able to find me"
"그러나 그들은 나를 찾을 수 없을 것이다"
"You move not, Bogota," said the voice
"움직이지 마라, 보고타." 목소리가 말했다
at this he laughed, without making a noise
이에 그는 아무 소리도 내지 않고 웃었다
he made two stealthy steps from the path
그는 길에서 몰래 두 걸음을 내디뎠다
"Trample not on the grass, Bogota"
"풀밭을 짓밟지 마라, 보고타"
"wondering off the path is not allowed"
"길에서 벗어난 것은 허용되지 않습니다."
Nunez had scarcely heard the sound he made himself
누네즈는 자신이 내는 소리를 거의 듣지 못했다
He stopped where he was, amazed
그는 깜짝 놀라 그 자리에 멈춰 섰다
the owner of the voice came running up the path
목소리의 주인이 길을 따라 달려왔다
and he stepped back into the pathway
그리고 그는 다시 길로 들어섰다
"Here I am," he said
"제가 여기 있습니다." 그가 말했다
the blind man was not impressed with Nunez's antics

장님은 누네즈의 익살스러움에 감명을 받지 못했다
"Why did you not come when I called you?"
"내가 너를 불렀을 때 너는 왜 오지 않았느냐?"
"Must you be led like a child?"
"너는 어린아이처럼 이끌려야 하느냐?"
"Cannot you hear the path as you walk?"
"걸을 때 길이 들리지 않습니까?"
Nunez laughed at the ridiculous questions
누녜스는 말도 안 되는 질문에 웃었다
"I can see it," he said
"알겠어." 그가 말했다
the blind man paused for a moment
장님은 잠시 말을 멈췄다
"There is no such word as see"
"본다는 말은 없다"
"Cease this folly and follow the sound of my feet"
"이 어리석음을 그치고 내 발소리를 따르라"
Nunez followed the blind man, a little annoyed
누네즈는 약간 짜증이 난 듯 그 장님을 따라갔다
"My time will come," he said to himself
"내 때가 올 거야." 그는 혼잣말을 했다
"You'll learn," the blind man answered
"배우게 될 거야." 장님이 대답했다
"There is much to learn in the world"
"세상에는 배울 것이 많다"
"Has no one told you?" asked Nunez
"아무도 말해주지 않았어?" 누네즈가 물었다
"In the Country of the Blind the One-Eyed Man is King"
"눈먼 자의 나라에서는 외눈박이가 왕이다"

"What is blind?" asked the blind man, over his shoulder
"소경이 뭐죠?" 소경이 어깨 너머로 물었다
by now four days had passed
이제 나흘이 지났습니다
even on the fifth day nothing had changed
다섯째 날에도 아무것도 변하지 않았다
the King of the Blind was still incognito
눈먼 자의 왕은 여전히 시크릿 상태였다
he was still a clumsy and useless stranger among his subjects
그는 여전히 신하들 사이에서 서투르고 쓸모없는 이방인이었다
he found it all much more difficult than he thought
그는 이 모든 것이 그가 생각했던 것보다 훨씬 더 어렵다는 것을 알았다
how could he proclaim himself king to these blind people??
어찌 이 눈먼 백성들에게 왕이라고 선포할 수 있겠는가?
he was left to meditated his coup d'etat
그는 쿠데타를 계획하도록 남겨졌습니다
in the meantime he did what he was told
그러는 동안 그는 시키는 대로 했다
he learnt the manners and customs of the Country of the Blind
그는 맹인의 나라의 풍습과 풍습을 배웠다
working at night he found particularly irksome
밤에 일하는 것이 특히 짜증이 났다
this was going to be the first thing he changed
이것이 그가 바꾼 첫 번째 것이 될 것이었다

They led a simple and laborious life
그들은 단순하고 힘든 삶을 살았습니다
but they had all the elements of virtue and happiness
그러나 그들은 미덕과 행복의 모든 요소를 가지고 있었습니다
They toiled, but not oppressively
그들은 수고하였지만, 억압적이지는 않았다
they had food and clothing sufficient for their needs
그들에게는 그들의 필요를 충족시키기에 충분한 음식과 의복이 있었다
they had days and seasons of rest
그들에게는 쉬는 날과 계절이 있었다
they enjoyed music and singing
그들은 음악과 노래를 즐겼다
there was love among them
그들 사이에는 사랑이 있었다
and there were little children
그리고 어린아이들도 있었습니다
It was marvellous to see their confidence and precision
그들의 자신감과 정확성을 보는 것은 놀라운 일이었습니다
they went about their ordered world efficiently
그들은 질서 정연한 세계를 효율적으로 돌아다녔다
Everything had been made to fit their needs
모든 것이 그들의 필요에 맞게 만들어졌습니다
each paths had a constant angle to the other
각 경로는 다른 경로에 대해 일정한 각도를 가졌습니다
each kerb was distinguished by a special notch
각 연석은 특별한 노치로 구별되었습니다
all obstacles and irregularities had been cleared away

모든 장애물과 불규칙성이 제거되었습니다
all their methods arose naturally from their special needs
그들의 모든 방법은 그들의 특별한 필요에서 자연스럽게 생겨났다
and their procedures made sense to their abilities
그리고 그들의 절차는 그들의 능력에 적합했습니다
their senses had become marvellously acute
그들의 감각은 놀라울 정도로 예민해졌다
they could hear and judge the slightest gesture
그들은 아주 작은 몸짓도 듣고 판단할 수 있었다
even if the man was a dozen paces away
설령 그 남자가 십여 걸음 떨어져 있다 해도
they could hear the very beating of his heart
그들은 그의 심장이 뛰는 소리를 들을 수 있었다
Intonation and touch had long replaced expression and gesture
억양과 촉각이 표정과 몸짓을 대체한 지 오래였다
they were handy with the hoe and spade
그들은 괭이와 삽을 능숙하게 다루었습니다
and they moved as free and confident as any gardener
그들은 여느 정원사처럼 자유롭고 자신감 있게 움직였다
Their sense of smell was extraordinarily fine
그들의 후각은 매우 훌륭했다
they could distinguish individual differences as quickly as a dog can
그들은 개처럼 빨리 개인차를 구별할 수 있었다
and they went about the tending of llamas with ease and confidence
그들은 쉽고 자신 있게 라마를 돌보았다

a day came Nunez sought to assert himself
누녜스가 자기 주장을 펼치는 날이 왔다
but he quickly realized his underestimation
그러나 그는 곧 자신의 과소평가가 있었다는 것을 깨달았다
and he learned how confident their movements could be
그리고 그는 그들의 움직임이 얼마나 자신감 있을 수 있는지 알게 되었습니다
he rebelled only after he had tried persuasion
그는 설득을 시도한 후에야 비로소 반항하였다
on several occasions he had tried to tell them of sight
여러 차례에 걸쳐서 그는 그들에게 시력에 대해 말해 주려고 했었다
"Look you here, you people," he said
"여기 좀 봐라, 너희들." 그가 말했다
"There are things you people do not understand in me"
"너희가 내 안에 깨닫지 못하는 것이 있느니라"
Once or twice one or two of them listened to him
한두 번 그들 중 한두 명이 그의 말에 귀를 기울였다
they sat with their faces downcast
그들은 풀이 죽은 얼굴로 앉아 있었다
their ears were turned intelligently towards him
그들의 귀는 총명하게 그를 향하고 있었다
and he did his best to tell them what it was to see
그리고 그는 최선을 다해 그들에게 그것이 무엇을 보게 되는지를 말해 주었다
Among his hearers was a girl
그의 말을 듣는 사람들 가운데는 한 소녀가 있었다
her eyelids were less red and sunken

그녀의 눈꺼풀은 덜 빨갛고 움푹 패여 있었다
one could almost imagine she was hiding eyes
누군가는 그녀가 눈을 숨기고 있다고 상상할 수 있었다
he especially hoped to persuade her
그는 특히 그녀를 설득하기를 바랐다
He spoke of the beauties of sight
그는 시력의 아름다움에 대해 이야기했다
he spoke of watching the mountains
그는 산을 보는 것에 대해 이야기했다
he told them of the sky and the sunrise
그분은 그들에게 하늘과 일출에 대해 말씀하셨습니다
and they heard him with amused incredulity
그들은 재미있다는 듯이 믿을 수 없다는 듯이 그의 말을 들었다
but that eventually became condemnatory
그러나 그것은 결국 정죄가 되었습니다
They told him there were no mountains at all
그들은 그에게 산이 전혀 없다고 말했습니다
they told him only the llamas go to the rocks
그들은 그에게 라마들만 바위로 간다고 말했다
they graze their grass there at the edge
그들은 가장자리에서 풀을 뜯습니다
and that is the end of the world
그리고 그것은 세상의 종말입니다
from there the roof rises over the universe
거기에서 지붕이 우주 위로 솟아오릅니다
only the dew and the avalanches fell from there
그곳에서는 이슬과 눈사태만이 떨어졌다
he maintained stoutly the world had neither end nor roof

그는 세상에는 끝도 지붕도 없다고 굳게 주장했다

everything they thought about the world was wrong, he told them

그는 그들이 세상에 대해 생각하는 모든 것이 틀렸다고 말했다

but they said his thoughts were wicked

그러나 그들은 그의 생각이 사악하다고 말했습니다

his descriptions of sky and clouds and stars were hideous to them

하늘과 구름과 별에 대한 그의 묘사는 그들에게 끔찍했다

a terrible blankness in the place of the smooth roof of the world

세상의 매끄러운 지붕 자리에 끔찍한 공허함이 있었다

it was an article of faith with them

그것은 그들에 대한 신앙개조였습니다

they believed the cavern roof was exquisitely smooth to the touch

그들은 동굴 지붕이 만졌을 때 매우 매끄럽다고 믿었다

he saw that in some manner he shocked them

그는 자신이 어떤 식으로든 그들에게 충격을 주는 것을 보았다

and he gave up that aspect of the matter altogether

그리고 그는 그 문제를 완전히 포기했다

instead, he tried to show them the practical value of sight

오히려, 그는 그들에게 시력의 실제적인 가치를 보여주려고 노력하였다

One morning he saw Pedro on path Seventeen

어느 날 아침, 그는 17번 길에서 페드로를 보았다

he was coming towards the central houses

그는 중앙 주택을 향해 오고 있었다
but he was still too far away for hearing or scent
하지만 그는 여전히 너무 멀리 떨어져 있어서 듣거나 냄새를 맡을 수 없었다
"In a little while," he prophesied, "Pedro will be here"
그는 "잠시 후면 페드로가 올 것"이라고 예언했다
An old man remarked that Pedro had no business on path Seventeen
한 노인이 페드로가 17번 길에서 할 일이 없다고 말했다
and then, as if in confirmation, Pedro changed paths
그러자 마치 확인이라도 하듯 페드로는 길을 바꿨다
with nimble paces he went towards the outer wall
그는 민첩한 걸음으로 외벽을 향해 나아갔다
They mocked Nunez when Pedro did not arrive
그들은 페드로가 도착하지 않자 누녜스를 조롱했다
he tried to clear his character by asking Pedro
그는 페드로에게 물어봄으로써 그의 성격을 지우려고 노력했다
but Pedro denied the allegations
그러나 페드로는 혐의를 부인했다
and afterwards he was hostile to him
그 후에 그는 그에게 적대적이었다
Then he convinced them to let him go
그런 다음 그는 그들을 설득하여 그를 놓아 주셨습니다
"let me go up the sloping meadows to the wall"
"경사진 초원을 벽으로 올라가게 해줘"
"let me take with me one willing individual"
"자원하는 사람 한 사람을 데리고 가겠습니다"
"I will describe all that is happening among the houses"

"집들 사이에서 일어나고 있는 모든 일을 내가 설명하겠다"

He noted certain goings and comings
그는 어떤 오고가는 것을 기록했다
but these things were not important to these people
그러나 이러한 것들은 이 사람들에게 중요하지 않았다
they cared for what happened inside the windowless houses
그들은 창문 없는 집 안에서 일어나는 일에 신경을 썼습니다
of those things he could neither see, nor tell
그는 볼 수도 없고 말할 수도 없는 것들에 대해
his attempt had failed again
그의 시도는 또다시 실패로 돌아갔다
they could not repress their ridicule
그들은 조롱을 억누를 수 없었다
and finally Nunez resorted to force
그리고 마침내 누네즈는 무력을 사용했다
He thought of seizing a spade
그는 삽을 잡을 생각을 했다
he could smite one or two of them to earth
그는 그들 중 한두 명을 땅으로 쳐서 떨어뜨릴 수 있었다
in fair combat he could show the advantage of eyes
정정당당한 전투에서 그는 눈의 우위를 보여줄 수 있었다
He went so far with that resolution as to seize his spade
그는 삽을 잡을 정도로 그 결심을 굳혔다
but then he discovered a new thing about himself
그러나 그는 자신에 대해 새로운 것을 발견했습니다
it was impossible for him to hit a blind man in cold

blood
그가 냉혈한으로 눈먼 사람을 때리는 것은 불가능했다
holding the spade, he hesitated for a moment
삽을 든 그는 잠시 머뭇거렸다
all of them had become aware that he had snatched up the spade
그들 모두는 그가 삽을 낚아챘다는 것을 알게 되었다
They stood alert, with their heads on one side
그들은 머리를 한쪽으로 기울인 채 경계하고 서 있었다
they cautiously bent their ears towards him
그들은 조심스럽게 그를 향해 귀를 기울였다
and they waited for what he would do next
그리고 그들은 그가 다음에 무엇을 할 것인지를 기다렸다
"Put that spade down," said one
"삽을 내려놔." 한 사람이 말했다
and he felt a sort of helpless horror
그리고 그는 일종의 무력한 공포를 느꼈다
he could not come to their obedience
그분은 그들의 순종을 이끌어 낼 수 없었다
he thrust one backwards against a house wall
그는 집 벽에 한 마리를 뒤로 밀었다
and he fled past him, and out of the village
그는 그를 지나쳐 마을 밖으로 달아났다
he went over one of their meadows
그는 그들의 목초지 중 하나를 지나갔다
but of course he trampled grass behind him
물론 그는 뒤에서 풀을 짓밟았다
he sat down by the side of one of their ways
그는 그들이 가는 길 옆에 앉았다
he felt something of the buoyancy in him

그는 자신 안에서 뭔가 부력을 느꼈다
all men feel it in the beginning of a fight
모든 남자들은 싸움의 시작에서 그것을 느낀다
but he felt more perplexity than anything
그러나 그는 무엇보다도 당혹감을 느꼈다
he began to realise something else about himself
그는 자신에 대해 다른 것을 깨닫기 시작했다
you cannot fight happily with creatures of a different mental basis
당신은 다른 정신적 기반을 가진 생물과 행복하게 싸울 수 없습니다
Far away he saw a number of men carrying spades and sticks
멀리서 그는 삽과 막대기를 들고 있는 많은 사람들을 보았다
they were coming out of the streets and houses
그들은 거리와 집들에서 나오고 있었다
together they made a line across the paths
그들은 함께 길을 가로질러 선을 그었다
and they line was coming towards him
그리고 그들은 그를 향해 대열을 지어 오고 있었다
They advanced slowly, speaking frequently to one another
그들은 천천히 앞으로 나아갔고, 서로 자주 이야기를 나누었다
again and again they stopped and sniff the air
그들은 몇 번이고 멈춰 서서 공기의 냄새를 맡았다
The first time they did this Nunez laughed
그들이 처음으로 그렇게 했을 때, 누네즈는 웃었다
But afterwards he did not laugh

그러나 그 후에 그는 웃지 않았다

One found his trail in the meadow grass
그중 한 명은 풀밭에서 자신의 흔적을 발견했다

he came stooping and feeling his way along it
그는 몸을 구부리고 그 길을 따라 왔다

For five minutes he watched the slow extension of the line
5분 동안 그는 줄이 천천히 늘어나는 것을 지켜보았다

his vague disposition to do something forthwith became frantic
당장 뭔가를 해야겠다는 막연한 성향이 미쳐 날뛰었다

He stood up and paced towards the wall
그는 일어서서 벽을 향해 서성거렸다

he turned, and went back a little way
그는 돌아서서 조금 뒤로 물러섰다

they all stood in a crescent, still and listening
그들은 모두 초승달 모양으로 서서 가만히 귀를 기울이고 있었다

He also stood still, gripping his spade
그도 삽을 움켜쥔 채 가만히 서 있었다

Should he attack them?
그들을 공격해야 할까?

The pulse in his ears ran into a rhythm:
귓가의 맥박이 리듬을 타며 달렸다.

"In the Country of the Blind the One-Eyed Man is King"
"눈먼 자의 나라에서는 외눈박이가 왕이다"

"In the Country of the Blind the One-Eyed Man is King"
"눈먼 자의 나라에서는 외눈박이가 왕이다"

"In the Country of the Blind the One-Eyed Man is King"
"눈먼 자의 나라에서는 외눈박이가 왕이다"
He looked back at the high and unclimbable wall
그는 오를 수 없는 높은 벽을 돌아보았다
and he looked at the approaching line of seekers
그리고 그는 다가오는 구도자들의 행렬을 바라보았다
others were now coming out of the street of houses too
다른 사람들도 이제 집들이 모여 있는 거리에서 나오고 있었다
"Bogota!" called one, "Where are you?"
"보고타!" 한 사람이 "어디 있니?" 하고 물었다.
He gripped his spade even tighter
그는 삽을 더 꽉 움켜쥐었다
and he went down the meadow towards the place of habitations
그는 초원을 따라 거주지를 향하여 내려갔다
where he moved they converged upon him
그가 어디로 가느냐에 그들은 그에게 모여들었다
"I'll hit them if they touch me," he swore
"놈들이 날 건드리면 때리겠다"고 그는 맹세했다
"by Heaven, I will. I'll hit them"
"하늘에 의해, 나는 그렇게 할 것이다. 때려줄게"
He called aloud, "Look here you people"
그는 큰 소리로 "여기 보라, 너희들"이라고 외쳤다
"I'm going to do what I like in this valley!"
"나는 이 골짜기에서 내가 좋아하는 것을 할 것이다!"
"Do you hear? I'm going to do what I like"
"들리니? 내가 좋아하는 것을 할거야"
"and I will go where I like"

"내가 원하는 곳으로 가겠다"
They were moving in upon him quickly
그들은 재빨리 그에게 다가오고 있었다
they were groping at everything, yet moving rapidly
그들은 모든 것을 더듬고 있었지만 빠르게 움직였다
It was like playing blind man's bluff
마치 장님의 허세를 부리는 것 같았다
but everyone was blindfolded except one
그러나 한 사람을 제외하고는 모두가 눈을 가렸다
"Get hold of him!" cried one
"저놈을 잡아!" 한 사람이 소리쳤다
He realized a group of men had surrounded him
그는 한 무리의 남자들이 자신을 에워쌌다는 것을 깨달았다
suddenly he felt he must be active and resolute
갑자기 그는 적극적이고 단호해야 한다고 느꼈다
"You people don't understand," he cried
"너희들은 이해하지 못하는구나." 그가 울부짖었다
his voice was meant to be great and resolute
그의 목소리는 위대하고 단호했다
but his voice broke and carried no power
그러나 그의 목소리는 끊어졌고 아무런 힘도 없었다
"You are all blind and I can see"
"너희들은 모두 눈이 멀었는데 나는 볼 수 있다"
"Leave me alone!" he tried to command
"날 내버려 둬!" 그는 명령하려 했다
"Bogota! Put down that spade and come off the grass!"
"보고타! 삽을 내려놓고 풀밭에서 내려와!"
the order was grotesque in its familiarity
그 질서는 그 친숙함 속에서 그로테스크했다

and it produced a gust of anger in him
그러자 그는 분노의 돌풍을 일으켰다
"I'll hurt you," he said, sobbing with emotion
"널 다치게 할 거야." 그는 감정에 북받쳐 흐느끼며 말했다
"By Heaven, I'll hurt you! Leave me alone!"
"하늘이 너를 다치게 할 거야! 날 내버려 둬!"
He began to run without knowing where to run
그는 어디로 도망쳐야 할지도 모른 채 달리기 시작했다
He ran away from the nearest blind man
그는 가장 가까이 있는 소경에게서 도망쳤다
because it was a horror to hit him
그를 때리는 것이 무서웠기 때문입니다
He made a dash to escape from their closing ranks
그는 그들의 근접 대열에서 도망치기 위해 돌진했다
in one place the gap was a little wider
한 곳에서는 그 격차가 조금 더 벌어졌다
the men on the sides quickly perceived what was happening
양쪽에 있던 남자들은 무슨 일이 일어나고 있는지 재빨리 알아차렸다
they quickly rushed in to close the gap
그들은 재빨리 뛰어들어 격차를 좁혔다
He sprang forward, and saw he would be caught
그는 앞으로 달려나갔고, 잡히리라는 것을 알았다
and whoosh! the spade had struck
그리고 헉! 삽이 맞은 것이다
He felt the soft thud of hand and arm
그는 손과 팔의 부드러운 쿵쿵거림을 느꼈다
and the man was down with a yell of pain
그러자 그 남자는 고통에 찬 비명을 지르며 쓰러졌다

and he was through the gap
그리고 그는 그 틈을 뚫고 나왔다
he was close to the street of houses again
그는 다시 집들이 모여 있는 거리에 가까워졌다
the blind men were whirling their spades and stakes
장님들은 삽과 말뚝을 휘두르고 있었습니다
and they were running with a new swiftness
그들은 새로운 신속함으로 달리고 있었다
He heard steps behind him just in time
때마침 뒤에서 발걸음 소리가 들렸다
a tall man was rushing towards him
키 큰 남자가 그를 향해 달려오고 있었다
he was swiping his spade at the sound of him
그는 그의 소리에 삽을 휘두르고 있었다
Nunez lost his nerve this time
누네스는 이번에 신경을 잃었다
he could not hit another blind man
그는 다른 소경을 칠 수 없었다
he hurled his spade next to his antagonist
그는 적대자 옆에 삽을 던졌다
the tall man whirled about from where he heard the noise
키 큰 남자는 그 소리가 들리는 곳에서 빙글빙글 돌았다
and Nunez fled, yelling as he dodged another
누네즈는 비명을 지르며 도망쳤다
He was panic-stricken by this point
이쯤 되자 그는 공포에 휩싸였다
almost blindly, he ran furiously to and fro
거의 맹목적으로, 그는 맹렬히 이리저리 뛰어다녔다
he dodged when there was no need to dodge

그는 피할 필요가 없을 때 피했다
in his anxiety he tried to see every side of him at once
불안 속에서 그는 자신의 모든 면을 한꺼번에 보려고 애썼다
for a moment he had fallen down
그는 잠시 쓰러졌다
of course the followers heard his fall
물론 추종자들은 그의 쓰러짐을 들었다
he caught a glimpse of something in the circumferential wall
그는 둘레의 벽에서 뭔가를 흘끗 보았다
a little gap between the wall
벽 사이의 작은 틈
he set off in a wild rush for it
그는 그것을 향해 미친 듯이 달려갔다
he had stumbled across the bridge
그는 다리를 건너 비틀거렸다
and he clambered a little along the rocks
그리고 그는 바위를 따라 조금 기어올랐다
a surprised young llama went leaping out of sight
깜짝 놀란 어린 라마가 시야에서 뛰어내렸다
and then he lay down, sobbing for breath
그러고는 누워서 숨을 헐떡이며 흐느꼈다
And so his coup d'etat came to an end
그리하여 그의 쿠데타는 끝이 났다
He stayed outside the wall of the valley of the blind
그는 눈먼 자들의 골짜기 담 밖에 머물렀다
for two nights and days he was without food or shelter
이틀 밤낮 동안 그는 먹을 것도, 거처도 없이 지냈다
and he meditated upon the unexpected

그리고 그는 예상치 못한 일들을 곰곰이 생각해 보았다
During these meditations he repeated his motto frequently
이 명상을 하는 동안 그는 자신의 좌우명을 자주 되풀이했다
"In the Country of the Blind the One-Eyed Man is King"
"눈먼 자의 나라에서는 외눈박이가 왕이다"
He thought chiefly of ways of conquering these people
그는 주로 이 사람들을 정복하는 방법들을 생각했다
and it grew clear that no practicable way was possible
그리고 실행 가능한 방법이 불가능하다는 것이 분명해졌습니다
He had brought no weapons with him
그는 무기를 가지고 오지 않았다
and now it would be hard to get any
그리고 이제 어떤 것도 얻기가 어려울 것입니다.
his civilized manner had not left him
그의 문명화된 태도는 그를 떠나지 않았다
there was no way he could assassinate a blind man
그가 장님을 암살할 수 있는 방법은 없었다
Of course, if he did that, he could dictate the terms
물론, 그가 그렇게 한다면, 그는 조건을 지시할 수 있을 것이다
he could threaten them with further assassinations
그는 그들을 더 암살하겠다고 위협할 수 있었다
But, sooner or later he must sleep!
그러나 조만간 그는 잠을 자야 합니다!
He tried to find food among the pine trees
그는 소나무 사이에서 먹을 것을 찾으려고 애썼다

at night the frost fell over the valley
밤에는 서리가 계곡 위로 내렸다
to be comfortable he slept under pine boughs
편하게 지내기 위해 그는 소나무 가지 아래에서 잠을 잤다
he thought about catching a llama, if he could
할 수만 있다면 라마를 잡아야겠다는 생각이 들었다
perhaps he could hammer it with a stone
어쩌면 돌로 망치질을 할 수도 있을 것 같았다
and then he could eat some of it
그리고 나서 그는 그것을 먹을 수 있습니다
But the llamas had doubt of him
그러나 라마들은 그를 의심했다
they regarded him with distrustful brown eyes
그들은 불신의 눈초리로 그를 바라보았다
and they spat at him when he came near
그분이 가까이 오시자 그들은 그분에게 침을 뱉었다
Fear came on him the second day
둘째 날에는 두려움이 엄습했다
he was taken by fits of shivering
그는 몸이 떨리는 것을 느꼈다
Finally he crawled back down the wall
마침내 그는 다시 벽을 기어 내려갔다
and he went back into the Country of the Blind
그리고 그는 눈먼 자들의 나라로 돌아갔다
he shouted until two blind men came out to the gate
그는 두 소경이 대문으로 나올 때까지 소리쳤다
and he talked to him, negotiating his terms
그리고 그는 그와 대화를 나누며 그의 조건을 협상했다
"I had gone mad," he said
"나는 미쳐버렸다"고 그는 말했다

"But I was only newly made"
"하지만 나는 새로 만들어졌을 뿐이다"
They said that was better
그들은 그것이 더 낫다고 말했습니다
He told them he was wiser now
그는 이제 더 현명해졌다고 말했다
and he repented of all he had done
그리고 그는 자기가 행한 모든 것을 뉘우쳤다
Then he wept without reserve
그러고는 하염없이 눈물을 흘렸다
because he was very weak and ill now
그는 지금 매우 약하고 아팠기 때문입니다
they took that as a favourable sign
그들은 그것을 호의적인 징조로 받아들였다
They asked him if he still thought he could see
그들은 아직도 볼 수 있다고 생각하느냐고 물었다
"No," he said, "That was folly"
"아뇨, 그건 어리석은 짓이었어요"
"The word means nothing, less than nothing!"
"그 단어는 아무 의미도 없고, 아무것도 의미하지 않는다!"
They asked him what was overhead
그들은 머리 위에 무엇이 있느냐고 물었다
"About ten times ten the height of a man"
"사람 키의 열 배쯤 된다"
"there is a roof above the world of rock"
"바위의 세계 위에 지붕이 있다"
"it is very, very smooth"
"매우, 매우 부드럽습니다."
"So smooth, so beautifully smooth"
"너무 부드럽고, 너무 아름답고, 부드럽다"

He burst again into hysterical tears
그는 다시 히스테리컬한 눈물을 터뜨렸다
"Before you ask me any more, give me some food"
"더 묻기 전에 밥 좀 주세요"
"or else I shall die!"
"그렇지 않으면 나는 죽을 것이다!"
He expected dire punishments
그는 무서운 형벌을 예상했다
but these blind people were capable of toleration
그러나 이 눈먼 사람들은 관용을 베풀 수 있었다
his rebellion was just more proof of his idiocy
그의 반항은 그의 어리석음에 대한 또 다른 증거일 뿐이었다
they hardly needed more evidence for his inferiority
그들은 그의 열등함에 대해 더 이상의 증거가 거의 필요하지 않았다
as a punishment he was whipped some
벌로 그는 채찍질을 당했다
and they appointed him to do the heaviest work
그들은 그에게 가장 무거운 일을 맡기었다
Nunez could see no other way of surviving
누네즈는 살아남을 수 있는 다른 방법을 찾지 못했다
so he submissively did what he was told
그래서 그는 복종하는 마음으로 시키는 대로 하였습니다
he was ill for some days
그는 며칠 동안 아팠다
and they nursed him kindly
그들은 그를 친절하게 간호하였다
that refined his submission
그것은 그의 복종을 다듬었다

but they insisted on him lying in the dark
그러나 그들은 그가 어둠 속에 누워 있어야 한다고 주장했다
that was a great misery to him
그것은 그에게 큰 불행이었다
blind philosophers came and talked to him
눈먼 철학자들이 와서 그에게 말을 걸었다
they spoke of the wicked levity of his mind
그들은 그의 마음의 사악한 경솔함에 대하여 말하였다
and they retold the story of creation
그리고 그들은 창조 이야기를 다시 들려주었다
they explained further how the world was structured
그들은 세계가 어떻게 구성되어 있는지 더 자세히 설명했습니다
and soon Nunez had doubts about what he thought he knew
그리고 곧 누네즈는 자신이 안다고 생각했던 것에 대해 의심을 품게 되었다
perhaps he really was the victim of hallucination
어쩌면 그는 정말로 환각의 희생자였을지도 모른다
and so Nunez became a citizen of the Country of the Blind
그리하여 누네즈는 맹인의 나라의 시민이 되었다
and these people ceased to be a generalised people
그리고 이 사람들은 더 이상 일반화된 민족이 아니었다
they became individualities to him
그것들은 그에게 개성이 되었다
and they grew familiar to him
그리고 그들은 그분과 친숙해졌다
the world beyond the mountains slowly faded

산 너머의 세계는 서서히 희미해졌다
more and more it became remote and unreal
점점 더 멀고 비현실적이 되었습니다
There was Yacob, his master
그곳에는 그의 주인 야콥이 있었다
he was a kindly man when not annoyed
그는 짜증을 내지 않을 때는 친절한 사람이었다
there was Pedro, Yacob's nephew
야콥의 조카인 페드로가 있었다
and there was Medina-sarote
그리고 메디나-사로테가 있었다
she was the youngest daughter of Yacob
그녀는 야콥의 막내딸이었다
she was little esteemed in the world of the blind
그녀는 맹인들의 세계에서 거의 존중받지 못했다
because she had a clear-cut face
얼굴이 맑았기 때문이다
and she lacked any satisfying glossy smoothness
그리고 그녀는 만족할 만한 광택이 없는 부드러움이 부족했다
these are the blind man's ideal of feminine beauty
이것이 여성의 아름다움에 대한 맹인의 이상이다
but Nunez thought her beautiful at first sight
하지만 누네즈는 첫눈에 아름답다고 생각했다
and now she was the most beautiful thing in all the world
그리고 이제 그녀는 온 세상에서 가장 아름다운 존재가 되었다
her features were not common in the valley
그녀의 이목구비는 계곡에서 흔히 볼 수 있는 것이

아니었다
her closed eyelids were not sunken and red
감은 눈꺼풀은 움푹 패여 있거나 빨갛게 충혈되어 있지 않았다
but they lay as though they might open again at any moment
그러나 그들은 금방이라도 다시 열릴 것처럼 누워 있었다
she had long eyelashes, which were considered a grave disfigurement
그녀는 속눈썹이 길었는데, 그것은 심각한 기형으로 여겨졌다
and her voice was weak compared to the others
그녀의 목소리는 다른 사람들에 비해 약했다
so it did not satisfy the acute hearing of the young men
그래서 그것은 젊은이들의 예리한 청각을 만족시키지 못하였다
And so she had no lover
그래서 그녀에게는 애인이 없었다
Nunez thought a lot about Medina-sarote
누네즈는 메디나-사로테에 대해 많은 생각을 했다
he thought perhaps he could win her
어쩌면 그녀를 이길 수 있을지도 모른다고 생각했다
and then he would be resigned to live in the valley
그러고 나서 그는 그 골짜기에서 살기 위해 체념하게 될 것이다
he could be happy for the rest of his days
그는 남은 생애 동안 행복할 수 있었다
he watched her whenever he could
그는 틈날 때마다 그녀를 지켜보았다
and he found opportunities of doing her little services

그리고 그는 그녀에게 작은 봉사를 할 수 있는 기회를 찾았다

he also found that she observed him
그는 또한 그녀가 그를 관찰한다는 것을 알게 되었습니다

Once at a rest-day gathering he noticed it
한번은 쉬는 날 모임에서 그는 그것을 알아차렸다

they sat side by side in the dim starlight
그들은 희미한 별빛 아래 나란히 앉았다

the music was sweet and his hand came upon hers
음악은 감미로웠고 그의 손이 그녀의 손에 닿았다

and he dared to clasp her hand
그는 감히 그녀의 손을 잡았다

Then, very tenderly, she returned his pressure
그러고는 아주 부드럽게 그의 압력을 되돌려 주었다

And one day they were at their meal in the darkness
그러던 어느 날 그들은 어둠 속에서 식사를 하고 있었다

he felt her hand very softly seeking him
그는 그녀의 손이 매우 부드럽게 자신을 찾는 것을 느꼈다

as it chanced, the fire leapt just at that moment
우연히도 바로 그 순간 불이 치솟았다

and he saw the tenderness in her
그리고 그는 그녀에게서 부드러움을 보았다

He sought to speak to her
그는 그녀에게 말을 걸고 싶어 했다

He went to her one day when she was sitting
어느 날 그는 그녀가 앉아 있을 때 그녀를 찾아갔다

she was in the summer moonlight, weaving
그녀는 여름 달빛 아래서 베를 짜고 있었다

The light made her a thing of silver and mystery
그 빛은 그녀를 은빛과 신비로움으로 만들었다

He sat down at her feet
그는 그녀의 발치에 앉았다
and he told her he loved her
그리고 그는 그녀에게 사랑한다고 말했습니다
and he told her how beautiful she seemed to him
그리고 그는 그녀에게 그녀가 얼마나 아름다워 보였는지 말해 주었다
He had a lover's voice
그는 연인의 목소리를 가졌다
he spoke with a tender reverence that came near to awe
그는 경외심에 가까운 부드러운 경건한 태도로 말했다
she had never before been touched by adoration
그녀는 한 번도 흠모의 감동을 받아본 적이 없었다
She made him no definite answer
그녀는 그에게 확실한 대답을 하지 않았다
but it was clear his words pleased her
하지만 그의 말이 그녀를 기쁘게 한 것은 분명했다
After that he talked to her whenever he could
그 후로 그는 틈날 때마다 그녀에게 말을 걸었다
the valley became the world for him
계곡은 그에게 세상이 되었다
the world beyond the mountains seemed no more than a fairy tale
산 너머의 세상은 동화에 불과해 보였다
perhaps one day he could tell her of these stories
어쩌면 언젠가 그는 그녀에게 이 이야기들을 들려줄 수 있을지도 모른다
Very tentatively and timidly, he spoke to her of sight
매우 머뭇거리고 소심하게 그는 그녀에게 시력에 대해 이야기했다

sight seemed to her the most poetical of fancies
그녀에게 시각은 가장 시적인 공상으로 보였다
she attentively listened to his description
그녀는 그의 설명에 귀를 기울였다
he told her of the stars and the mountains
그는 그녀에게 별과 산에 대해 이야기했다
and he praised her sweet white-lit beauty
그리고 그는 그녀의 달콤하고 하얀 아름다움을 칭찬했다
She did not believe what he was saying
그녀는 그의 말을 믿지 않았다
and she could only half understand what he meant
그녀는 그 말이 무슨 뜻인지 반쯤밖에 이해할 수 없었다
but she was mysteriously delighted
그러나 그녀는 이상하게도 기뻤다
and it seemed to him that she completely understood
그리고 그는 그녀가 완전히 이해한 것처럼 보였다
His love lost its awe and took courage
그의 사랑은 경외심을 잃고 용기를 얻었다
He wanted to ask the elders for her hand in marriage
그는 장로들에게 결혼을 허락해 달라고 부탁하고 싶었다
but she became fearful and delayed
그러나 그녀는 두려워하고 지체했다
it was one of her elder sisters who first told Yacob
야콥에게 처음 말한 것은 그녀의 언니 중 한 명이었다
she told him that Medina-sarote and Nunez were in love
그녀는 그에게 메디나-사로테와 누네즈가 사랑에 빠졌다고 말했다
There was very great opposition to the marriage
결혼에 대한 반대가 매우 컸다

the objection wasn't because they valued her
그들이 그녀를 소중히 여겼기 때문이 아니었다
but they objected because they thought of him as different
그러나 그들은 그를 다른 사람으로 생각했기 때문에 반대하였다
he was still an idiot and incompetent thing for them
그는 여전히 그들에게 멍청하고 무능한 존재였다
they classed him below the permissible level of a man
그들은 그를 남자의 허용 수준 이하로 분류했다
Her sisters opposed the marriage bitterly
언니들은 결혼을 몹시 반대했다
they feared it would bring discredit on them all
그들은 그것이 그들 모두에게 불명예를 가져다 줄까 봐 두려웠다
old Yacob had formed a sort of liking for Nunez
늙은 야콥은 누네즈에게 일종의 호감을 느꼈다
he was his nice, but clumsy and obedient serf
그는 착하지만 서투르고 순종적인 농노였다
but he shook his head at the proposal
하지만 그는 그 제안에 고개를 저었다
and he said the thing could not be
그리고 그는 그것이 있을 수 없다고 말했다
The young men were all angry
젊은이들은 모두 화가 나 있었다
they did not like the idea of corrupting the race
그들은 종족을 타락시키려는 생각을 좋아하지 않았다
and one went so far as to strike Nunez
그리고 한 명은 누네즈를 공격하기까지 했다
but Nunez struck back at the man

하지만 누녜스가 반격에 나섰다
Then, for the first time, he found an advantage in seeing
그러다가 처음으로, 그는 보는 것의 이점을 발견하였다
even by twilight he could fight better than the blind man
황혼이 되어서도 그는 장님보다 더 잘 싸울 수 있었다
after that fight was over a new order had been established
그 싸움이 끝난 후 새로운 질서가 확립되었다
no one ever thought of raising a hand against him again
아무도 다시는 그에게 손을 들 생각을 하지 않았다
but they still found his marriage impossible
그러나 그들은 여전히 그의 결혼이 불가능하다는 것을 알았다
Old Yacob had a tenderness for his last little daughter
늙은 야콥은 막내딸에 대한 애정을 가지고 있었다
he was grieved to have her weep upon his shoulder
그는 아내가 자신의 어깨에 기대어 울고 있는 것을 보고 슬펐다
"You see, my dear, he's an idiot"
"있잖아, 얘야, 그는 바보야"
"He has delusions about the world"
"그는 세상에 대한 망상을 가지고 있다"
"there isn't anything he can do right"
"그가 제대로 할 수 있는 일은 아무것도 없다"
"I know," wept Medina-sarote
"나도 알아." 메디나-사로테가 울었다
"But he's better than he was"

"하지만 그는 예전보다 낫다"
"for all his trying he's getting better"
"그의 모든 노력에도 불구하고 그는 나아지고 있습니다"
"And he is strong and kind to me"
"그리고 그는 강하고 나에게 친절합니다"
"stronger and kinder than any other man in the world"
"세상 어느 사람보다 강하고 친절한"
"And he loves me. And, father, I love him"
그리고 그분은 저를 사랑하십니다. 그리고 아버지, 저는 그를 사랑합니다"

Old Yacob was greatly distressed to find her inconsolable
늙은 야콥은 그녀가 위로를 받지 못하는 것을 보고 몹시 괴로워했다

what made it more distressing is he liked Nunez for many things
더 안타까운 것은 그가 누녜스를 여러 가지로 좋아했다는 점이다

So he went and sat in the windowless council-chamber
그래서 그는 창문 없는 회의장으로 가서 앉았다

he watched the other elders and the trend of the talk
그는 다른 장로들과 연설의 추세를 지켜보았다

at the proper time he raised his voice
적절한 때에 그는 목소리를 높였다

"He's better than he was when he came to us"
"그는 우리에게 왔을 때보다 더 나아졌어요"
"Very likely, some day, we shall find him as sane as ourselves"
"아마도, 언젠가는 우리도 우리처럼 제정신인 그를 발견하게 될 것이다"

one of the elders thought deeply about the problem
한 장로는 그 문제에 대해 깊이 생각해 보았습니다
He was a great doctor among these people
그는 이 사람들 가운데서 훌륭한 의사였습니다
he had a very philosophical and inventive mind
그는 매우 철학적이고 독창적인 정신을 가지고 있었다
the idea of curing Nunez of his peculiarities appealed to him
누네즈의 특이한 점을 치료한다는 생각이 그의 마음을 끌었다
another day Yacob was present at another meeting
또 다른 날에는 야콥이 다른 모임에 참석했다
the great doctor returned to the topic of Nunez
위대한 의사는 누네즈의 주제로 돌아왔다
"I have examined Nunez," he said
"누녜스를 진찰했다
"and the case is clearer to me"
"그리고 그 사건은 나에게 더 명확하다"
"I think very probably he might be cured"
"아마 완치될 수도 있을 것 같아요"
"This is what I have always hoped," said old Yacob
"이게 내가 늘 바라던 거야." 늙은 야콥이 말했다
"His brain is affected," said the blind doctor
"그의 뇌가 영향을 받았어요." 맹인 의사가 말했다
The elders murmured in agreement
장로들은 동의하며 중얼거렸다
"Now, what affects it?" asked the doctor
"그럼, 무엇이 영향을 미치나요?" 하고 의사가 물었다
"This," said the doctor, answering his own question
"이거요." 의사가 자신의 질문에 답하며 말했다

"Those queer things that are called the eyes"
"눈이라고 불리는 그 기묘한 것들"
"they exist to make an agreeable indentation in the face"
"그들은 얼굴에 기분 좋은 움푹 들어간 곳을 만들기 위해 존재합니다."
"the eyes are diseased, in the case of Nunez"
"누네즈의 경우 눈이 병들었다"
"in such a way that it affects his brain"
"뇌에 영향을 미치는 방식으로"
"his eyes bulge out of his face"
"그의 눈이 그의 얼굴에서 튀어나온다"
"he has eyelashes, and his eyelids move"
"속눈썹이 있고, 눈꺼풀이 움직인다"
"consequently, his brain is in a state of constant irritation"
"결과적으로, 그의 뇌는 끊임없는 자극 상태에 있다"
"and so, everything is a distraction to him"
"그래서 모든 것이 그에게는 방해가 됩니다"
Yacob listened intently at what the doctor was saying
야콥은 의사의 말에 귀를 기울였다
"I think I may say with reasonable certainty that there is a cure"
"나는 합리적인 확신을 가지고 치료법이 있다고 말할 수 있다고 생각합니다"
"all we need to do is a simple and easy surgical operation"
"간단하고 쉬운 수술만 하면 됩니다"
"all this involves is removing the irritant eyes"

"이 모든 것은 자극적인 눈을 제거하는 것뿐입니다."
"And then he will be sane?"
"그러면 그가 제정신이 되겠지?"
"Then he will be perfectly sane"
"그러면 그는 완전히 제정신이 될 것입니다"
"and he'll be a quite admirable citizen"
"그리고 그는 꽤 훌륭한 시민이 될 것입니다."
"Thank Heaven for science!" said old Yacob
"과학을 주신 하늘에 감사드려요!" 늙은 야콥이 말했다
and he went forth at once to tell Nunez of the good news
그는 즉시 누네스에게 좋은 소식을 전하러 나갔다
But Nunez wasn't quite as enthusiastic about the idea
하지만 누네즈는 그 아이디어에 그다지 열광하지 않았다
he received the news with coldness and disappointment
그는 냉담하고 실망스러운 마음으로 그 소식을 받아들였다
"the tone of your voice does not inspire confidence"
"목소리 톤은 자신감을 불러일으키지 않습니다"
"one might think you do not care for my daughter"
"누군가는 당신이 내 딸을 돌보지 않는다고 생각할지도 몰라요"
It was Medina who persuaded Nunez to face the blind surgeons
누네즈가 맹인 외과 의사들과 맞서도록 설득한 것은 메디나였다
"You do not want me," he said, "to lose my gift of sight?"
"내가 시력을 잃는 것을 원하지 않으십니까?"

She shook her head
그녀는 고개를 저었다
"My world is sight"
"나의 세상은 시력이다"
Her head drooped lower
그녀의 머리가 아래로 처졌다
"There are the beautiful things"
"아름다운 것들이 있다"
"the world is full of beautiful little things"
"세상은 작고 아름다운 것들로 가득합니다"
"the flowers and the lichens amidst the rocks"
"바위 사이에 있는 꽃과 이끼"
"the light and softness on a piece of fur"
「한 장의 모피에 가벼움과 부드러움」
"the far sky with its drifting dawn of clouds"
"구름이 떠다니는 먼 하늘"
"the sunsets and the stars"
"석양과 별"
"And there is you"
"그리고 저기 네가 있구나"
"For you alone it is good to have sight"
"당신만 보는 것이 좋습니다"
"to see your sweet, serene face sight is good"
"당신의 달콤하고 고요한 얼굴 시력을 보는 것이 좋습니다."
"to see your kindly lips"
"당신의 친절한 입술을 보려고"
"your dear, beautiful hands folded together"
"당신의 사랑스럽고 아름다운 두 손을 모으고"
"it is these eyes of mine you won"

"네가 이긴 것은 내 눈이다"
"it is these eyes that hold me to you"
"나를 당신께 붙잡아 두는 것은 바로 이 눈들입니다"
"but it is these eyes that those idiots seek"
"하지만 저 멍청이들이 찾는 것은 바로 이 눈이다"
"Instead, I must touch you"
"대신 너를 만져야겠다"
"I would hear you, but never see you again"
"나는 당신의 말을 듣겠지만 다시는 당신을 볼 수 없습니다"
"must I come under that roof of rock and stone and darkness?"
"내가 저 바위와 돌과 어둠의 지붕 밑으로 들어가야 하느냐?"
"that horrible roof under which your imaginations stoop"
"당신의 상상력이 굽히는 그 끔찍한 지붕"
"no; you would not have me do that?"
"아뇨. 나한테 그렇게 하지 않겠어?"
A disagreeable doubt had arisen in him
그에게는 불쾌한 의심이 생겼다
He stopped and left the thing in question
그는 멈춰 서서 문제의 물건을 떠났다
she said, "I wish sometimes you would not talk like that"
그녀는 "가끔은 네가 그런 식으로 말하지 않았으면 좋겠어"라고 말했다
"talk like what?" asked Nunez
"뭘 말하지?" 누네즈가 물었다

"I know your sight is pretty"
"나는 당신의 시력이 예쁘다는 것을 압니다"
"It is your imagination"
"그것은 당신의 상상입니다"
"I love it, but now..."
"나는 그것을 좋아하지만, 지금은..."
He felt cold at the gravity of her words
그는 그녀의 말의 무게에 차가움을 느꼈다
"Now?" he said, faintly
"지금?" 그가 희미하게 말했다
She sat quite still without saying anything
그녀는 아무 말도 하지 않고 가만히 앉아 있었다
"you think, I would be better without my eyes?"
"내 눈이 없는 게 더 나을 거라고 생각해?"
He was realising things very swiftly
그는 매우 신속하게 상황을 깨닫고 있었다
He felt anger at the dull course of fate
그는 지루한 운명의 흐름에 분노를 느꼈다
but he also felt sympathy for her lack of understanding
그러나 그는 또한 그 여자가 이해하지 못하는 것에 대해 동정심을 느꼈다
but his sympathy for her was akin to pity
그러나 그녀에 대한 그의 동정심은 동정심에 가까웠다
"Dear," he said to his love
"여보." 그가 사랑하는 이에게 말했다
her spirit pressed against the things she could not say
그녀의 영혼은 그녀가 말할 수 없는 것들을 눌렀다
He put his arms about her and he kissed her ear
그는 그녀를 팔로 감싸고 그녀의 귀에 키스했다
and they sat for a time in silence

그들은 한동안 침묵 속에 앉아 있었다
"If I were to consent to this?" he said at last
"내가 이 일에 동의한다면?" 그가 마침내 말했다
in a voice that was very gentle
매우 부드러운 목소리로
She flung her arms about him, weeping wildly
그녀는 두 팔을 휘둘러 그를 감싸 안고 울부짖었다
"Oh, if you would do that," she sobbed
"아, 그렇게 할 수 있다면요." 그녀는 흐느꼈다
"if only you would do that one thing!"
"네가 그 한 가지만 할 수만 있다면!"
Nunez knew nothing of sleep in the week before the operation
누네즈는 수술 전 일주일 동안 잠을 잘 수 없었다
the operation that was to raise him from his servitude and inferiority
그를 노예와 열등함에서 일으켜 세우는 수술이었다
the operation that was to raise him to the level of a blind citizen
그를 맹인 시민의 수준으로 끌어올리기 위한 작전
while the others slumbered happily, he sat brooding
다른 사람들이 행복하게 잠들어 있는 동안, 그는 앉아서 생각에 잠겼다
all through the warm, sunlit hours he wandered aimlessly
햇볕이 내리쬐는 따뜻한 시간 내내 그는 정처 없이 돌아다녔다
and he tried to bring his mind to bear on his dilemma
그리고 그는 자신의 딜레마에 대해 정신을 차리려고 노력했습니다

He had given his answer and his consent
그는 대답하고 동의했다
and still he was not sure if it was right
그리고 여전히 그는 그것이 옳은지 확신할 수 없었다
the sun rose in splendour over the golden crests
황금빛 볏 위로 태양이 찬란하게 떠올랐다
his last day of vision had began for him
그의 마지막 시현의 날이 시작된 것이다
He had a few minutes with Medina-sarote before she went to sleep
그는 메디나-사로테가 잠들기 전에 몇 분 동안 그녀와 시간을 보냈다
"Tomorrow," he said, "I shall see no more"
"내일은 내가 더 이상 못하리라"
"Dear heart!" she answered
"사랑하는 마음!" 그녀가 대답했다
and she pressed his hands with all her strength
그리고 그녀는 온 힘을 다해 그의 손을 눌렀다
"They will hurt you, but little"
"그들은 너희를 해치겠지만, 조금도 해치지 않을 것이다"
"you are going to get through this pain"
"당신은 이 고통을 이겨낼 것입니다"
"you are going through it, dear lover, for me"
"당신은 그것을 겪고 있습니다, 친애하는 연인, 나를 위해"
"if a woman's heart and life can do it, I will repay you"
"여자의 마음과 인생이 할 수 있다면 보답하겠습니다"
"My dearest one," she said in a tender voice, "I will repay"
"나의 가장 소중한 이여," 그녀는 부드러운 목소리로 말했다, "내가 갚을 것이다"

He was drenched in pity for himself and her
그는 자신과 그녀에 대한 연민에 흠뻑 젖었다
He held her in his arms and pressed his lips to hers
그는 그녀를 품에 안고 입술을 그녀의 입술에 가져다 댔다
and he admired her sweet face for the last time
그리고 그는 마지막으로 그녀의 상냥한 얼굴에 감탄했다
"Good-bye!" he whispered to the dear sight of her
"안녕히 계세요!" 그는 그녀를 보며 속삭였다
And then in silence he turned away from her
그러고는 조용히 그녀에게서 돌아섰다
She could hear his slow retreating footsteps
그녀는 천천히 후퇴하는 그의 발자국 소리를 들을 수 있었다
something in the rhythm of his footsteps threw her into a passion of weeping
그의 발자국 리듬 속에 무언가가 그녀를 울음의 열정으로 몰아넣었다
He had fully meant to go to a lonely place
그는 외딴 곳으로 가려고 했다
to the meadows with the beautiful white narcissus
아름다운 하얀 수선화와 함께 초원으로
there he wanted remain until the hour of his sacrifice
그분은 희생 제물의 시간까지 그곳에 머물러 있기를 원하셨습니다
but as he walked he lifted up his eyes
그러나 그는 걸으면서 눈을 들어 올렸다
and he saw the morning with his sight
그리고 그는 그의 눈으로 아침을 보았다
it was like an angel shining in golden armour
마치 황금 갑옷을 입은 천사가 빛나는 것 같았다

he truly did love Medina-sarote
그는 진실로 메디나-사로테를 사랑하였다
he was prepared to give up his sight for her
그는 그녀를 위해 시력을 포기할 각오가 되어 있었다
he was going to live the rest of his life in the valley
그는 여생을 계곡에서 살 예정이었다
the angel marched down the steeps of the meadows
천사는 초원의 가파른 언덕을 걸어 내려갔습니다
and it bathed everything in its golden light
그리고 모든 것을 황금빛으로 물들였다
without any notice something in him changed
예고도 없이 그의 내면에 무언가가 바뀌었다
the country of the blind was no more than a pit of sin
소경의 나라는 죄악의 구덩이에 지나지 않았다
He did not turn aside as he had meant to do
그는 자신이 의도했던 대로 옆으로 비켜서지 않았다
but he went on and passed through the wall
그러나 그는 계속해서 벽을 통과했다
from there he went out upon the rocks
거기서 그는 바위 위로 나갔다
his eyes were upon the sunlit ice and snow
그의 눈은 햇볕이 내리쬐는 얼음과 눈을 향하고 있었다
he saw their infinite beauty
그는 그들의 무한한 아름다움을 보았다
his imagination soared over the peaks
그의 상상력은 산봉우리 위로 치솟았다
his thoughts went to the world he wouldn't see again
그의 생각은 그가 다시는 볼 수 없는 세계로 향했다
he thought of that great free world
그는 그 위대한 자유 세계를 생각했습니다

the world that he was prepared to part from
그가 이별할 준비가 되어 있던 세상
the world that was his own
자신의 세계였던 세상
and he had a vision of those further slopes
그리고 그는 더 먼 비탈길에 대한 환상을 가지고 있었다
his mind took him through the valleys he had come from
그의 정신은 그가 왔던 골짜기를 통과하도록 그를 이끌었다
he went along the river into the city
그는 강을 따라 도시로 들어갔다
in his mind he could see Bogota
그의 마음 속에는 보고타가 보였다
his imagination carried him through the city
그의 상상력은 그를 도시 전역으로 이끌었다
a place of multitudinous stirring beauty
수많은 감동적인 아름다움의 장소
a glory by day, a luminous mystery by night
낮에는 영광, 밤에는 빛나는 신비
a place of palaces and fountains
궁전과 분수의 장소
a place of statues and white houses
동상과 하얀 집의 장소
his mind went with him out the city
그의 마음은 그와 함께 도시 밖으로 나갔다
he followed the journey of a river
그는 강의 여정을 따라갔다
the river went through the villages and forests
강은 마을과 숲을 통과했다

a big steamer came splashing by
큰 증기선이 물보라를 일으키며 지나갔다
the banks of the river opened up into the sea
강둑이 바다로 열렸다
the limitless sea with its thousands of islands
수천 개의 섬이 있는 끝없는 바다
he could see the lights of the islands and the ships
그는 섬과 배의 불빛을 볼 수 있었다
life continued on each little island
각각의 작은 섬들에서의 생활은 계속되었다
and he thought about that greater world
그리고 그는 더 큰 세계에 대해 생각했다
he looked up and saw the infinite sky
고개를 들자 끝없이 펼쳐진 하늘이 보였다
it was not like the sky in the valley of the blind
그것은 눈먼 자의 골짜기의 하늘과 같지 않았다
a small disk cut off by mountains
산에 의해 잘려나간 작은 원반
but, an arch of immeasurably deep blue
그러나 헤아릴 수 없을 정도로 짙은 파란색의 아치
and in this he saw the circling of the stars
그리고 이것으로 그는 별들이 돌고 있는 것을 보았다
His eyes began to scrutinise the circle of mountains
그의 눈은 산의 원을 면밀히 살피기 시작했다
he looked at it a little keener than he had before
그는 전보다 조금 더 예리하게 그것을 바라보았다
"perhaps one could go up that gully"
"어쩌면 저 협곡을 올라갈 수 있을지도 몰라"
"from there one could get to that peak"
"거기에서 그 봉우리에 도달 할 수 있습니다."

"then one might come out among those pine trees"
"그러면 저 소나무 사이로 한 마리가 나올지도 몰라요"
"the slope past the pines might not be so steep"
"소나무를 지나는 경사가 그렇게 가파르지 않을 수도 있습니다."
"and then perhaps that wallface can be climbed"
"그리고 어쩌면 저 벽면은 올라갈 수 있을지도 몰라"
"where the snow starts there will be a river"
"눈이 시작되는 곳에 강이 있을 것이다"
"from there there should be a path"
"거기서부터 길이 있어야 한다"
"and if that route fails, to the East are other gaps"
"그리고 그 경로가 실패한다면, 동쪽에는 다른 틈이 있습니다."
"one would just need a little good fortune"
"약간의 행운이 필요할 뿐이다"
He glanced back at the village
그는 마을을 힐끗 쳐다보았다
but he had to look at it once more
하지만 그는 다시 한 번 그것을 보아야 했다
he looked down into the country of the blind
그는 눈먼 자들의 나라를 내려다보았다
he thought of Medina-sarote, asleep in her hut
그는 오두막에서 잠들어 있는 메디나-사로테를 생각했다
but she had become small and remote to him
그러나 그녀는 그에게 작고 멀리 떨어져 있었다
he turned again towards the mountain wall
그는 다시 산벽을 향해 몸을 돌렸다
the wall down which he had come down that day
그날 그가 무너져 내렸던 성벽

then, very circumspectly, he began his climb
그런 다음 매우 조심스럽게 등반을 시작했습니다
When sunset came he was no longer climbing
해가 졌을 때 그는 더 이상 등산을 하지 않았다
but he was far and high up the valley
그러나 그는 골짜기 위쪽에 있었다
His clothes were torn and his limbs were bloodstained
그의 옷은 찢어졌고 팔다리는 피로 얼룩져 있었다
he was bruised in many places
그는 여러 군데에 멍이 들었다
but he lay as if he were at his ease
그러나 그는 편안하다는 듯이 누워 있었다
and there was a smile on his face
그리고 그의 얼굴에는 미소가 떠올랐다
From where he rested the valley seemed as if it were in a pit
그가 쉬는 곳에서 바라본 골짜기는 마치 구덩이 속에 있는 것처럼 보였다
now it was nearly a mile below him
이제 그것은 그의 거의 1마일 아래에 있었다
the pit was already dim with haze and shadow
구덩이는 이미 안개와 그림자로 어둑어둑했다
the mountain summits around him were things of light and fire
그를 둘러싼 산봉우리들은 빛과 불의 대상이었다
the little things in the rocks were drenched with light and beauty
바위 속의 작은 것들은 빛과 아름다움으로 흠뻑 젖어 있었다
a vein of green mineral piercing the grey

회색을 꿰뚫는 녹색 광물의 광맥
a flash of small crystal here and there
여기저기서 작은 수정이 번쩍였다
a minutely-beautiful orange light close to his face
그의 얼굴에 미세하게 아름다운 주황색 빛이 가까이 다가왔다
There were deep, mysterious shadows in the gorge
협곡에는 깊고 신비로운 그림자가 드리워져 있었다
blue deepened into purple, and purple into a luminous darkness
파란색은 보라색으로, 보라색은 빛나는 어둠으로 짙어졌다
over him was the endless vastness of the sky
그의 머리 위에는 끝없이 펼쳐진 광활한 하늘이 펼쳐져 있었다
but he heeded these things no longer
그러나 그는 더 이상 이러한 것들에 유의하지 않았다
instead, he laid very still there
대신, 그는 그곳에 가만히 누워 있었다
smiling, as if he were content now
그는 이제 만족한다는 듯이 미소를 지었다
content to have escaped from the valley of the Blind
눈먼 자의 골짜기에서 탈출한 것에 만족한다
the valley in which he had thought to be King
그가 왕이라고 생각했던 골짜기
the glow of the sunset passed
노을의 노을이 지나갔다
and the night came with its darkness
어둠과 함께 밤이 찾아왔다
and he lay there, under the cold, clear stars

그는 차갑고 맑은 별빛 아래 누워 있었다

The End
끝

www.tranzlaty.com

www.ingramcontent.com/pod-product-compliance
Lightning Source LLC
Chambersburg PA
CBHW012006090526
44590CB00026B/3891